ケースで学ぶ

# 自閉症スペクトラム障害と性ガイダンス

田宮 聡

みすず書房

## はじめに

　性の問題は、年齢・性別を問わずだれにとっても重要事項ですが、なかなか口にすることがはばかられるものです。しかし、自分自身のことであれだれか他の人のことであれ、性に関する心配事を抱えて悩んだり困ったりしたことがまったくないという人は、ほとんどいないはずです。また、性をめぐって不適切なふるまいをしてしまって、周囲の人や社会全体に迷惑をかけてしまう場合もあります。その極端な例が、性犯罪です。

　したがって、なかなか向き合いにくい問題ではありますが、われわれ人間の性的な側面が、日常生活にどんな影響を及ぼしているかを理解することはとても大切です。そして、いわゆる「性教育」を通じて、性に関するいろいろな問題にどう対処してゆけばよいかを、いろいろな人と一緒に考えることも大切です。

　性教育の大切さは、自閉症スペクトラム障害がある人でもない人でも当てはまります。ただ、本書中で述べるように、自閉症スペクトラム障害をもつ人の場合、社会性の困難さなどの障害特性のために、性をめぐるふるまいが違ってくることがあります。そのため、そのような特性を踏まえたうえでの理解や支援が必要になってきます。たとえば、オーストラリアの心理学者マーク・ストークス氏は、性的な行動やプライバシーの理解度には、年齢と社会性とが大きな影響を与えるので、高機能自閉症青年に対しては、対人関係に重点を置いた特別な性教育が必要であると述べています。

　しかし、現実はどうでしょう。筆者の手元に、『自閉症と広汎性発達障害ハンドブック』という、全2巻から成る専門書があります。アメリ

カの自閉症研究者たちが中心になって執筆された本です。2005年に出版されたそのハンドブックの第3版のなかで、「sexual education（性教育）」という単語が出てくるのはたった1カ所、それも、この大部の書物の最終ページ（1313ページ目）だけでした。そこには、こう書かれていました。

> 必要な性教育が的確になされていることはまれにしかありませんし、それをだれの責任で行うべきなのかも明確ではありません。多くの学校やソーシャルワーカーにとって、異性との関わり方や性欲の解消の仕方などの話題を、自閉症の青年にわかりやすくかつ生活で生かせるように指導するのは、至難の業です。小児科医は、思春期を迎えた女子が長期的な避妊で自分自身を守る必要があることや、何が適切なふるまいで何が不適切なふるまいかを男女双方に明確に指導する必要があることを、見逃してしまうことがあります。レイプの被害者となったり性犯罪の加害者となったりするかもしれないということなど、保護者もまったく念頭にないことが多いので、指導を要します。

そして、この第3版で性の問題がある程度まとまって取り上げられていたのは、「自閉症をもつ青年と成人」という章のなかの数カ所で、合計1ページほどの分量だけでした。

2014年に出版された同じハンドブックの第4版を見ると、「性教育」という言葉が本文中で使用されている箇所はありますが、索引からは消えています。そして、索引で見るかぎり、「sexuality（性）」が取り上げられているのは全1126ページ中2カ所にとどまり、合計の分量はわずか4分の3ページほどです。このように、自閉症児・者に対する性教育の重要性は、認識されはじめてはいますが、最近十数年ほどのあいだにその認識が広まっているとは言えないようです。

わが国でも最近、保健師であり養護教諭でもある、岐阜大学の川上ちひろ氏の『自閉スペクトラム症のある子への性と関係性の教育』などのすばらしい著作がありますが、その数はかぎられています。

その一方、自閉症児・者の家族は、性的な問題に関する不安を抱えて

生活しているのです。2005年にオーストラリアで発表された研究結果では、定型発達児の保護者よりも、高機能自閉症児の保護者のほうが、性的な問題に関する不安が明らかに顕著であったとされています。

筆者は、児童精神科医として、自閉症スペクトラム障害をもつ子どもや大人と数多く出会ってきました。そしてそのなかで、さまざまな形で性の問題が浮かび上がってくる多くの状況を体験しました。どれも大変難しい問題で、問題解決のために、当事者や家族の方と話し合ったり、いろいろな文献にも当たったり、職場の同僚たちと知恵を出しあったりしてきました。それでも「解決」できなかったことも多々ありました。

そういった事例を、今回こういう形でまとめさせていただきました。本書を手にしてくださる方は、なんらかの理由で性の問題に関心をおもちなのだと思いますが、おそらく、多くの読者の方にとって、同じような経験をされたケースが見つかるのではないでしょうか。もしそうであれば、それは例外的な特殊ケースではないということをまずおわかりいただけると思います。そして、そのようなケースで苦労したり悩んだりしていることが、ご自分の経験不足や至らなさのためではなく、だれにとっても難しいのだということをご理解いただければ幸いです。普遍的な「正解」というものがなかなか見つからない問題だと思いますが、これまでの取り組みをご覧いただいて、何か参考にしていただければと思います。そしてさらに、自閉症スペクトラム障害と性の問題を、今後いろいろな形で取り上げていただけるようになれば、望外の喜びです。

本論に入る前に、3点お断りしておきます。その第1点は、本書で頻繁に引用する書物がいくつかあるということです。1冊目は『自閉症スペクトラムと性と法律 保護者と専門家が知っておくべきこと』というもので、2014年にアメリカで出版されました。邦訳はまだありません。著者は、トニー・アトウッド、イザベル・エノー、ニック・ドゥビンです。アトウッド氏は、アスペルガー症候群研究の世界的な権威です。エノー氏には、性教育に関する著作が多くあります。そしてドゥビン氏は、アスペルガー症候群の当事者で、性犯罪者となってしまった方です（詳

しくは、第5章の「1．メディア・SNS」でご紹介します）。この書物は、このドゥビン氏の自伝とそれについてのアトウッド氏とエノー氏によるコメントという構成になっているのです。アスペルガー症候群を中心に書かれていますが、自閉症スペクトラム障害全般に当てはまる有益な示唆が得られる書物です。実は、筆者（田宮）が本書を執筆するきっかけとなったのが、この本です。本書のなかで、アトウッド氏、エノー氏、ドゥビン氏を引用している箇所は、この書物からの引用です。

　本書でしばしば引用する本の2冊目は、グニラ・ガーランド（熊谷高幸監訳、石井バークマン麻子訳）の、『自閉症者が語る人間関係と性』です。ガーランド氏は、自閉症スペクトラム障害の当事者で、多くの自閉症者とその支援者に対してインタビューを行い、この本にまとめました。本書ではケースをたくさん紹介しますが、自閉症児・者自身の言葉はあまり多くありません。その点を補うために、ガーランド氏の著書から、当事者の声を多く引用します。本書でのガーランド氏の引用は、すべてこの本からです。

　引用が多い本の3冊目は、ジェリー・ニューポート、メアリー・ニューポート（ニキ・リンコ訳、服巻智子解説）の『アスペルガー症候群　思春期からの性と恋愛』です。原著者は夫婦で、いずれもアスペルガー症候群当事者です。その立場から、性や恋愛について語っているので、とても説得力があります。本書でのニューポート夫妻の引用は、すべてこの本からです。

　お断りの第2点は、本書でご紹介するケースはすべて、筆者が実際に接したことのあるケースに基づいた創作であるということです（第3章「2．思春期のこころ」のIさん、第5章「1．メディア・SNS」のニック・ドゥビン氏と「4．LGBTQ（セクシュアル・マイノリティー）」のジム・シンクレア氏は例外）。もととなったケースは、筆者が主治医として関わらせていただいたケースもあれば、主治医としてではなく間接的に見聞きしたケースもあります。いずれのケースも、自閉症スペクトラム障害もしくは自閉症傾向のケースですので、その診断の記載は省略していることも

あります。複数のケースをひとつのケースにまとめたり、一人のケースを違う名前にして複数箇所でご紹介したりしています。ケースをリアルにするために方言を使用している箇所もありますが、その方言が話されている地域のケースがもとになっているとはかぎりません。なかには問題が非常に深刻なケースもあり、すべてのケースについてなんらかの解決策が示唆されているわけではありません。しかし、そういう場合も「こういう特性のためにこういう問題が起こりうる」という問題提起として、参考にしていただければと思います。

　第3に、本書のなかで、未邦訳の英語文献を引用している箇所は、すべて拙訳です。

　自閉症児をもつ家族を支援していると、今でもよく、「自閉症の原因は、子育ての失敗ですか？」と聞かれることがあります。この疑問に対して、筆者は、こう答えることにしています。「子育てが原因で自閉症になることはありません。でも、自閉症の子がどう育つかは、子育て次第です」と。本書が、自閉症児の育児や自閉症者の支援に、少しでもお役に立つことを祈っています。

# 目　次

はじめに　i

## 第1章　性ガイダンスとは何か ……………………… 3

1．性ガイダンスの目的は何か　4
2．性ガイダンスで何を伝えるか　10
3．性ガイダンスをいつ行うか　13
4．性ガイダンスをだれがだれに対して行うか　15
5．ケース　17
6．まとめ　22

## 第2章　自閉症スペクトラム障害の特性 ……………… 25

1．自閉症スペクトラム障害の特性理解　25
2．自閉症スペクトラム障害の支援　30

## 第3章　思春期のからだとこころ ……………………… 37

1．思春期のからだ　37
2．思春期のこころ　45
3．思春期と自閉症スペクトラム障害と性ガイダンス　54

## 第4章　さまざまな性行動について　57

1. 性への興味　58
2. 性的なエチケット　71
3. ボディタッチ　79
4. 月　　経　91
5. 勃起・射精　96
6. 自　　慰　98
7. 性交・避妊　108
8. 恋愛・男女交際　113
9. 結婚・育児　127

## 第5章　性にまつわる話題　135

1. メディア・SNS　135
2. ストーカー行為　147
3. 性的虐待　153
4. LGBTQ（セクシュアル・マイノリティー）　163
5. 性に無関心？な人たち　179
6. 薬の影響　184

おわりに　189
主要参考文献　193

# ケース一覧

彼氏とセックスをするナミさん　17
女性の胸を触るノリユキくん　20
男子にキスするハナさん　20
裸になるアキラくん　31
「ししゅんきって何?」と聞くケイくん　38
大人になりたくないナオキくん　40
脱毛するショウキくん　41
お子さまランチしか頼まないヨウコさん　41
下着を着けたくないサキさん　42
性欲に罪悪感を抱くナオフミさん　43
彼氏と交際するケイコさん　46
バレンタインデーが楽しみなIさん　47
反抗的になったマリさん　48
「何かおかしい」と言われたナオトくん　50
親離れできないことを悩むワカナさん　52
障害を認めようとしないダイキさん　52
女性をじろじろ見るジュンペイくん　60
女性の前で下半身を露出するヨウヘイくん　61
性的な言葉を連発するコウスケくん　62
性的な絵を描くタケマさん　63
小さい子を連れ回すユウキくん　63
女子トイレに入るカイトくん　64
女子をトイレに連れ込もうとしたヒロシくん　65
女子トイレに入るリクくん　66

幼なじみに好みのスカートをはかせたいヨシアキくん　67
子どもタレントにあこがれるシュウジくん　68
幼女が好きと言うユタカくん　69
心配しすぎ?のお母さんとシュウコさん　70
お母さんにお尻を見せるレイジくん　73
同級生の下着を下ろすダイチくん　74
ミニスカートをはいて足を開いて座るイクヨさん　74
Tシャツであおぐカヨコさん　75
女性用水着を着たがるユウスケくん　76
全裸で寝るマサキくん　76
人前で服を脱ぐミエさん　77
お母さんに入浴介助されているカズアキさん　78
女性の胸を触るサチオくん　81
抱きつくくせのあるタイシくん　82
お母さんにベタベタするリョウくん　82
幼女を誘って触るソウキくん　83
男子どうしのボディタッチ　84
兄弟間のボディタッチ　84
性器を触らせるヒュウガくんと触らされたノリコさん　85
女子に触られたアヤトくん　86
お母さんにベタベタしたりお父さんの筋肉を触ったりするマサくん　87
女性の胸を触るショウジロウくん　87
お姉さんに性器を押しつけるユウくん　88

先生にハグをされたミユキさん　89
お父さんにベタベタされるリョウガくん　90
月経痛がひどいマナさん　92
月経前後に不安定になるミチさん　93
月経前後に不安定になるトモミさん　94
月経の手当ができないユミコさん　94
月経用ナプキンを使うエイタロウくん　95
お母さんの目の前で射精するトウヤくん　97
自慰についての話し合い　99
性器いじりをするジュンヤくん　101
性器いじりをするダイスケくん　102
性器いじりをするタクヤくん　102
股をこすりつけるアキさん　103
股間をふとんに押しつけるマサシくん　103
トイレで自慰をしてそのまま出てくるタツヤくん　104
ペットに下半身をなめさせるシンジくん　105
女子トイレの音を聞いて自慰をするタカヤくん　106
自慰のやり方が間違っているのではないかと心配するカンタロウさん　107
教室で性交するフミコさん　110
避妊せずに性交するヒロコさん　111
騙されて強姦されたエリコさん　112
恋愛に興味をもつユカさん　115
男子に興味をもつアミさん　116
彼氏ができたと言うイクエさん　117
先輩と交際するユイさん　119
知的レベルに差があるカップル　120
年齢差のある男性を選ぶカオルさん　120
いきなりプロポーズしたユウタさん　122
「息苦しい」とふられたヨシロウくん　123
彼女を自宅に泊めるヒロヨシくん　124
強引な女子に困るケイジくん　124
女子とパーティをする？ゲンキくん　126
時々情緒不安定になるチヒロさん　129
出産後に診断されたマサミさん　131
育児を押しつけられたエツコさん　132
頑固なお父さんとアイリさん　133
SNSの知人と交際するヒロミさん　139
SNSでトラブルに巻きこまれたルナさん　140
YouTubeで聞いた猥褻語を連発するコウジくん　141
アニメのシーンを真似るハクくん　142
お母さんのスマホでエロサイトを見るミカさん　142
性的動画を見るマナトくん　143
危険なサイトに行ってしまったミズキくん　144
児童ポルノ閲覧で逮捕されてしまったドゥビン氏　145
ストーカーをしてしまったタダシくん　149
ストーカーをしてしまったアズサさん　151
待ち伏せするツバサさん　151
ストーカーされるソウマさん　152
身体障害があるワコさん　154
露出するサツキさん　156
年上の女子に触られたマサタカくん　157
きょうだいが被害にあったソウスケくん　158
チアキさんの目の前でいちゃつくお母さ

ん　160
職場でレイプされたレイナさん　161
職場でセクハラを受けるアカネさん
　161
同性愛者かどうかが不安なモトキさん
　168
女になりたいと言って女装するタロウくん　169
「オネエ」のシュンスケくん　170
お母さんのスカートをはくユウキくん
　171
かわいいグッズをもちたがるリョウタロウくん　172
自分は女であると言うスグルくん
　173
男子に見られたいミホさん　174
同性の性的接触　174
水泳の授業を機にカミングアウトしたトモアキくん　175
男になりたいエミさん　176
同性愛者がうらやましいキミコさん
　177
半陰陽のシンクレア氏　178
恋愛相談　182
異性に興味がなさそうなユキノさん
　183
勃起状態が続くエイジくん　184
月経不順のチサコさん　185
乳首が痛いカズオくん　186
母乳が出るリツコさん　186

ケースで学ぶ

●

自閉症スペクトラム障害と性ガイダンス

第 1 章

# 性ガイダンスとは何か

　昨今、「性教育」と聞いて、「おしべとめしべが……」みたいな説明を思い浮かべる人は少ないと思いますが、何をもって「性教育」と考えるかは、人それぞれかもしれません。ことに、自閉症児に対する性教育となると、どのようなイメージをもてばいいのか、わかりにくいのではないでしょうか。

　そこで、自閉症児の療育で有名な TEACCH（ティーチ）プログラムがまとめた、自閉症児に対する性教育のあり方の基本原則ともいえるものを見てみましょう。そこには、5 項目の「前提」が挙げられています。それは、簡潔にいえば次のようなことになります。

前提 1　すべての自閉症児・者は、程度の差はあれ、性的な支援を要する。
前提 2　保護者が性教育に関わることは、不可欠である。
前提 3　性教育は、他のスキルの指導と同様、系統的に行われる必要がある。
前提 4　しかし、他のスキルと異なり、社会的許容範囲を明確にするべきである。
前提 5　他のスキルと同様、発達的アプローチがもっとも効果的である。

　これらの前提については、これから順次触れていくなかで、より詳しくご説明します。まずは、性教育についてのイメージを共有するために、筆者が考える性教育のあり方をまとめてみます。

　なお、ここから先は、「性教育」という言葉のかわりに、「性ガイダンス」という言葉を使います（文献引用箇所などは除きます）。その理由は、

いわゆる「性教育プログラム」のような、特別な専門家が行うフォーマルな「教育」ではなく、身近な支援者や保護者が日常的に行う指導を念頭に置いているからです。「教える」というスタンスよりも「一緒に考える」というニュアンスを少しでも伝えたかったので、「性ガイダンス」という言葉を選びました。

## 1. 性ガイダンスの目的は何か

　性ガイダンスをなんのために行うのかを明確にするために、逆に、「もし性ガイダンスを行わなかったらどうなるか」を考えてみましょう。そのために、2008年に発表されたある調査結果を紹介します。これは、子どもたちが性の知識をどのように得ていくのかを、知的障害児と健常児とで比較した研究です。本書のテーマは自閉症ですので、知的障害児についてのデータをそのまま当てはめることはできないかもしれませんが、参考として挙げてみました。調査対象は、15歳から18歳までの特別支援学校（調査当時は養護学校）に通う生徒157人と、普通高等学校に通う生徒216人です。この調査結果のごく一部を、筆者がグラフに表すと、図1と図2のようになります。
　図1は、妊娠についての情報をどのような情報源から得ているかを表したものです。知的障害児、健常児とも、学校の授業から情報を得ている割合が高くなっていますが、健常児に比べて、知的障害児は、親やテレビ・ビデオから情報を得る割合が高いことがわかります。同様に、図2は、マスターベーションについての情報をどこから得ているかを表していますが、やはり知的障害児は、親やテレビ・ビデオから情報を得る割合が、健常児よりも高くなっています。いずれの場合も、情報源としてもっとも割合が高いのは「学校の授業」、つまり学校での性教育ですから、もしこれがなければ、知的障害児が親やテレビ・ビデオから情報を得る割合はいっそう高くなるでしょう。
　このことから、知的障害児に性についての正しい知識をもってもらう

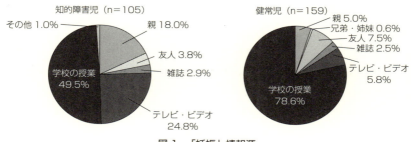

図1 「妊娠」情報源

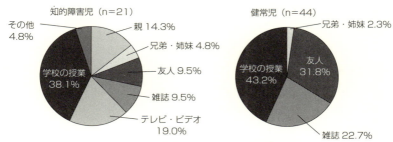

図2 「マスターベーション」情報源

には、まず親が正しい知識を正しく伝えることができないといけないこと、そして、テレビ・ビデオから得られる性的な情報に注意を向ける必要があることがわかると思います。この発表はちょっと古いものなのでとくに挙げられてはいませんが、現在は、もちろん、インターネットからの情報が要注意です。テレビ、ビデオ、インターネットなどから不特定多数の利用者に向けて発信される情報の質は、玉石混淆(ぎょくせきこんこう)です。ですから、そういう情報に接した子どもたちが、それをどのように理解してどのように受け止めるかはさまざまであり、おそらく多くの誤解も生じるでしょう。そこを確認して、必要があればより正しい知識を伝えていくことが、性ガイダンスに求められていると思います。

ただ、知的障害と自閉症には違いがあります。自閉症特性については第2章の「自閉症スペクトラム障害の特性」で詳しくご紹介しますが、自閉症児・者では、社会性の障害が性的な知識の吸収の妨げにもなりま

す。定型発達児・者は、周囲の人のふるまいを観察したり、周囲の人と関わったりするなかで、多くのことを学び吸収していきます。しかし、社会性の難しさを抱える自閉症児・者の場合、周囲を見て学ぶ、人まねをして学ぶ、経験を仲間と共有するなかで学ぶ、といったことがなかなかできません。ですから、知っておくべき情報を、知識として伝えてあげる必要性が、より高いのです。アメリカの教育心理学研究者アマンダ・サリヴァン氏らも、次のように述べています。

> 性的な知識や性的な行動は、社会生活や対人交流のなかで規定されている部分が非常に大きいものです。しかし、自閉症スペクトラムをもつ人たちは、対人コミュニケーションの困難さのために、社会生活や対人交流から疎外されがちなのです。定型発達児・者のグループにおいては、日常生活の何気ない機会から適切なふるまい方を学んでいくものなのですが、自閉症児・者にはそういう機会もないのが普通です。

では、正しい性的情報を子どもたちに伝えることにより、子どもたちは何を得ることになるでしょうか。次に挙げるのは、オーストラリアのある政府機関が発行している資料からの引用です。知的障害児に性教育を行うことの利点として、9項目が挙げられています。

1．ソーシャルスキルの向上
2．自己主張能力の向上
3．自立した生活
4．自分自身の性行動に関する責任感
5．性的虐待、性感染症、意図しない妊娠などのリスク低下
6．虐待を受けたときにだれかに伝えるための言葉
7．より適切な性行動
8．より健康的な選択
9．リスクの高い行動の回避

性についての正しい知識を得ることによって、適切な異性関係をもつ

ことができ、ソーシャルスキルの向上につながります。そのなかで、自分の考えや思いをうまく伝えることができるようになり、より効果的なコミュニケーション能力が身につけば、自立した生活をおくることができるようになります。そして、自分自身の性行動についても、責任感をもってふりかえることができるようになります。また、性的虐待や性感染症についての知識をもっておくことは、安全かつ健康的な生活をおくるための基礎になります。さらに、どんな性行動が犯罪行為とみなされうるかを知っておくことは、とくに自閉症児・者にとってはきわめて重要なことです。実際、第5章「1．メディア・SNS」で詳しくご紹介するニック・ドゥビン氏のように、知識がなかったことから重大な性犯罪につながってしまった例もあります。

　このように、的確な性ガイダンスを通して正しい性知識を子どもたちに伝えることにより、その後の生活が、より安全で実りの多いものになるのです。そこで、筆者は、上記9項目に加えて、「自尊心の向上」を性ガイダンスの利点として挙げたいと思います。自閉症児・者は、生活上いろいろなことがうまくいかないことが多いので、自信をなくしがちです。友達関係がうまくいかなかったり、学習が思うように身につかなかったりしますが、異性関係ももちろん例外ではありません。異性関係がうまくいかないと自信をなくすのはだれでも同じですが、自閉症児・者は、ただでさえ、他のいろんな方面でも挫折を味わっていることが多いので、異性関係の失敗はいっそう大きなダメージを与えます。そうなる前に正しい性的知識を身につけることにより、そのダメージを少しでも減らすことができると信じています。

　性ガイダンスを行うのは、「問題行動」の予防やその対処のためだけではないということも、ここで指摘しておきます。極端なことを言えば、問題行動が起こらないようにするためには、自己判断で行動することを禁止して、24時間監視すればすむことです。そうすれば、性ガイダンスなど必要ありません。ここまで極端でなくても、周囲の人たちがいろいろなことを先回りして問題行動を「予防」してしまうことは、必ずしも

本人のためになりません。実際に自分で行動を起こして、時には失敗を通して経験を積むことによって学ぶ機会が失われてしまうからです。この点について、性教育研究者のエノー氏も、「過保護になってしまいがちなので、注意が必要であり、経験の幅を狭めてしまうとそれは結局若者のためにはなら」ないと述べています。周囲があまりにも保護的になりすぎている状態を、「保護の監獄」と呼ぶ研究者もいます。

　最後に、「寝た子を起こす」ことの不安について触れておきたいと思います。自閉症児・者に性ガイダンスを施すと、知らないほうがよかったよけいな知識を与えてしまうことにならないかという懸念が表明されることがあります。たとえば、異性のからだや性交などについての情報を伝えることにより、知らなければ何も興味をもたなかったであろうことについて、必要以上の関心を抱かせてしまい、かえって有害ではないかというのです。しかし、結論から言うと、こういう不安はまったくの見当違いです。

　ちょっと話題が変わりますが、筆者の専門分野である精神科診療において、同じような懸念が生じることがあるのが、自殺の問題です。うつ病の患者さんなどを診察していると、この人は自殺する可能性があるのではないかという心配を、精神科医が抱くことがあります。でも、下手に「死にたいと思いますか？」などと尋ねると、その患者さんがもしそれまで自殺なんてちっとも考えていなかったとすれば、「そうか、その手があったか！」と気づかせて自殺に導いてしまうのではないかとも思えてきて、ジレンマに陥るのです。しかし、現代の精神科診療のスタンダードな考え方では、そのような心配は無用とされています。自殺してしまうのではないかと精神科医が心配するような状況であれば、当の患者さんは、自殺についてとっくに考えをめぐらしていることがほとんどです。そして多くの場合、そのことで悩みつつだれにも相談できない状況になっています。ですから、自殺について精神科医が尋ねることにより、患者さんがむしろそういう気持ちをはき出すことができて楽になるのです。

性ガイダンスの話に戻ると、この場合も、先に見たように、子どもたちは、性ガイダンスで教わらずとも、性に関する情報をなんらかの情報源から得ていることが多いのです。しかし、そういう情報がどの程度正確で有用なものかはわからないので、大人とのきちんとした対話のなかで、子どもの知識を確かめる必要があります。さらに、性の話題をオープンにすることにより、子どもが、性の悩みを打ち明ける機会にもなります。したがって、性に関する話題は、「寝た子を起こす」などと心配せずに、積極的に取り上げていったほうがよいのです。ベルギーの入所施設で生活している知的障害成人を対象に、性に関する意識について面談調査を行った教育学研究者のジョアン・レッセリエ氏は、保護者や支援者が「発達障害者の性的側面やその表現に対して抑圧的な態度をとってしまうと、なんらかの被害を受けるリスクが高まり、学びの機会を失ってしまう」と述べています。

　また、エノー氏は、次のように述べています。

　　危険なまたは違法な性的行動を未然に防ぐためには、まずはアスペルガー症候群をもつ人たちに対する教育と啓蒙が必要となります。もし、さまざまな性的体験に関して疑問や興味を感じてそれが整理されないままになってしまうと、インターネットでポルノを閲覧する、といったことにつながりかねないのです。

　さらに、自閉症スペクトラム障害当事者の声も聞きましょう。まず、当事者であり支援者でもあるガーランド氏は、こう言っています。

　　知的障害に関する書物のなかに見られる「冬眠している熊を起こすべきか否か」といった言い方が、障害のある人たちのセクシュアリティに対応するときのたとえとして用いられる。障害のある人たちにも性的な感情や欲求や思考があることをなかなか理解できない人たちもいるのである。（中略）たとえば2歳程度の発達段階にある人の場合に、「冬眠している熊を起こすべきか否か」と自問してみるとよいだろう。2歳児に

自慰行為を教えるなどということは、だれも考えもしないと思う。しかし、この人は実際には20歳の年齢の男性なのである。何が正しくて何が間違っているか、についての簡単な答えなどはない。しかし、新たな情報を得ることで、指針となる事柄を見つけられるかもしれない。

次は、アスペルガー症候群当事者のメアリー・ニューポート氏の言葉です。

　中学1年から2年のころに、セックスに興味が出てきました。思春期を迎えたんですね。とりわけ女の子の場合、色っぽくなったり、外見をみがいたりすることで、彼氏ができることにつながります。親は逃げてる場合じゃありません。性教育はやるしかないんです。容姿が急にあか抜ければ、男も急に寄ってきます。女の子にはどうしても、性教育が必要です。

性ガイダンスの必要性と重要性、おわかりいただけましたか？

## 2．性ガイダンスで何を伝えるか

　性ガイダンスで取り上げる内容については前項でも少し触れましたが、からだの仕組みや「子どもの作り方」にとどまらないことは当然です。第二次性徴、異性との関係作り、マナー（ボディタッチとプライベートゾーン）、人の気持ち、自慰、避妊、結婚と育児、性感染症、性的虐待と性差別、同性愛などの性的少数者（セクシュアル・マイノリティー）、メディアにあふれる性的情報の利用法などなど、さまざまな話題が取り上げられます。

　第二次性徴については、女子の月経はもちろん、乳房の変化や発毛、男子の変声、発毛、精通などを取り上げます。身長を気にする男子は多いので、第3章の「1．思春期のからだ」で紹介する成長スパートについての説明も大切です。自慰に関しては、正常な性行動であるという認

識がまず重要です。自慰行動を問題視することなく、正しい自慰の方法を、男女とも知る必要があります。異性とのつきあい方については、対人マナーや相手の気持ちの理解ということとも絡めながら、慎重に話し合わなければいけません。性ガイダンスで取り上げるべき多くの話題のなかでも、ここは目に見えない部分が多く、自閉症児・者には一番わかりづらいところかもしれません。

　ここで強調したいのは、性ガイダンスで子どもに伝えたい内容は、生活のなかで子どもに身につけてほしいその他の情報とは切り離されたまったく別物ではないということです。たとえば、異性との関係作りについての話題は、対人関係全般の延長線上にあります。第二次性徴、自慰、性感染症に関する情報は、自分の健康管理全般と切っても切り離せません。このように、性ガイダンスというものをなんらかの「特別枠」と考えず、日ごろの「しつけ」と同レベルで考えることにより、多くの大人が抱いている、性ガイダンスに対する抵抗感や不安感がかなり軽減されるのではないでしょうか。

　上記TEACCHプログラムの前提3でも、他のスキルの指導と同様に性ガイダンスを行うことの重要性が挙げられています。つまり、子どもの発達レベルに合わせた内容を、子どもにわかりやすい方法で伝えていく工夫が求められます。たとえば、自閉症児に対して一般的に使われる視覚支援、構造化、応用行動分析などの手法は、性ガイダンスでも有用です。

　参考までに、海外のある性教育プログラムで取り上げられる内容を次に示します。

  1．評価とプログラムへのイントロダクション
  2．導入：セクシュアリティとコミュニケーション
  3．愛と友情
  4．生理学的側面と性的な反応
  5．性交その他の性行動

6．感情について
7．性感染症、HIV、予防
8．性的指向
9．アルコール、ドラッグとセクシュアリティ
10．性的虐待その他の問題行動
11．性差別と暴力
12．感情コントロール、こころの理論、親密さ

　学校の授業や、特殊なプログラムで性教育を行うのでなければ、こういったさまざまな話題を、一度に伝える必要はありません。子どものほうも、多くの知識をまとめて投げかけられても吸収できません。それよりも、日常生活のなかで、折に触れて一緒に話をしていくべきだと思います。たとえば、子どもと一緒に見ているテレビ番組のなかで、何か性にまつわる話題が出てきたときなどがよい機会でしょう。子どもが好きなアニメのなかにだって、男の子が女の子をいじめるシーンや、女の子が男の子に好意を寄せるシーンなど出てきます。そういうときも、「教えてやろう」なんて思わずに、子どもの気持ちや考えも聞きながら、「話し合う」「一緒に考える」という姿勢が望ましいと思います。
　上記TEACCHプログラムの前提5の「発達的アプローチ」には、個々の子どもの発達レベルに合った内容を伝えるという意味合いがあり、性教育で扱う内容には4段階のレベルがあるとされています。それは、分別のスキル、個人衛生、身体器官と機能、包括的性教育の4段階です。
　もっとも基本的なレベルが「分別のスキル」です。これは、着替えや自慰を行うのにふさわしいのはどんなときでどんな場所かとか、人との身体接触にはどんなルールがあるかといったことを理解して実践するスキルです。重度から最重度の知的障害を伴う子どもの場合、性教育はこのレベルが最重要になります。しかし、知的レベルがより高い子どもの場合でも、非常に重要なスキルであることは言うまでもありません。
　次のレベルが「個人衛生」です。これも、知的レベルにかかわらず、

重要な事柄です。子ども本人が心地よく生活できると同時に、周囲の人にも不快感を与えないような個人衛生を保つ必要があります。排便後はきちんと拭く、月経中のからだを清潔に保つ、下着を替える、入浴時にきちんとからだを洗う、といったことが含まれます。

　3番目のレベルが、「身体器官と機能」です。知的レベルが中等度遅滞以上で、ある程度言語能力のある子どもが対象となるでしょう。生殖器官などの名称や機能、第二次性徴、性交と妊娠など、昔ながらの「性教育」のイメージがこの部分になります。

　最高レベルが「包括的性教育」で、異性との人間関係、恋愛、結婚といったことが話題になります。

　自閉症児を対象に効果的な性ガイダンスを行うためには、以上のように子どもの発達レベルに合わせた内容を取り上げることが重要です。それと同時に、TEACCHプログラムの前提4にあるように、社会的許容範囲を明確に伝えることはとても大切です。異性との関わり方や身体的接触などについて、マナーとして知っておかなければいけないことや、どんな行為が性犯罪とみなされるかといったことを、しっかりと伝えなければなりません。

## 3．性ガイダンスをいつ行うか

　前節で述べたように、性ガイダンスを、特別な時間をさいて行うものではなく、日常生活のなかで少しずつ継続的に行うものと考えれば、性ガイダンスは、子どもの成長の全過程を通じて行うということになります。たとえば、子どもと一緒にお風呂に入るとき、多くの保護者は、からだの洗い方を少しずつ教えてあげると思います。その一環として、下半身の洗い方を教えてあげるのは、立派な性ガイダンスです。こういう見方に立てば、性ガイダンスはある決まった時期だけに行うものではないことになります。とくに、自閉症児・者の場合、抽象的な情報を理解するのが難しい場合が多いので、知識だけを与えようとするよりも、経

験に即してわかりやすく伝えることが大切です。ですから、「生活のなかで」という視点は欠かせません。

　しかし、どの時期に何を伝えるかということは、とても大切なことになってきます。極端なことをいえば、幼児に性交について教えようとする人はいないと思います。また、月経についての知識は、初経（初潮）までに伝えておく必要があります。いろいろなことに慣れるのに時間がかかるという自閉症特性を考えると、早め早めの性ガイダンスを心がけたほうがよいでしょう。そして、一度では伝わらない場合、辛抱強く、同じことを何度も話し合う必要があります。

　大切なのは、問題が起こってからでは遅い、ということです。自閉症児・者が、残念ながら、なんらかの形で性の問題に巻きこまれてしまうことはよくあります。筆者も、日常診療のなかで、そういう相談を受けることはめずらしくありません。でも、たとえば、思春期になってなんらかの問題が起きて、「どうしたらいいですか？」と言われても、できることはかぎられています。筆者のこころのなかには、「もっと早く手を打てていれば……」という思いが強く残ります。本書を通じて筆者が訴えたい一番のポイントは、「性の問題で将来困らないように、早めに情報を伝えておく」ということです。ですから、どんな情報も、子どもの年齢や理解力を考慮したうえで、早く伝えるに越したことはありません。このことは、海外の文献でも指摘されています。

　同様のことは、TEACCHプログラムの前提2でも述べられていますので引用してみます。

　　性に関して、早い時期に保護者と専門家とが話し合いをもつことは重要です。できれば、性の問題が大きくなってしまう前が望ましいのです。現在の性教育は、何か問題が生じたときにその問題解決のために行われることが多いのですが、それではうまくいかないことは目に見えています。問題が生じる前から始めたほうが、はるかに効果的なのです。

　そして、具体的に、子どもが10歳になる前に話し合いを始めるべきだ、

とも述べられています。

　ひとつだけ、ちょっと特殊なやり方をご紹介します。育児に関する著書の多いリンダ・エア、リチャード・エア夫妻が推奨するやり方では、子どもが8歳になったら、適当な時期を選んで、両親だけと過ごせる時間を設定します。事前に、そのときにはとても大切な話をするのだということを子どもに伝えておきます。そのときが来たら、性交、受精などについて、ありのままに子どもに伝えるのです。子ども向けの性教育絵本などを見ながら行うことが多いようです。そして、相手を思いやることの大切さなどについても話をします。こうすることによって、ある日突然子どもから質問されて親のほうが慌てる、ということがなくなります。そして、その後は、性に関するさまざまな話題も、比較的率直に親子で話し合えるというわけです。8歳という時期にするのは、この年代の子どもが、親の言うことを一番素直に聞けるからだということです。かなり特殊なやり方だと思いますが、これはこれでひとつの考え方として興味深いと思い、ご紹介しました。万人向けではないかもしれませんが、こういうやり方をしてみようと思われる方もあるでしょう。ただし、これは定型発達児の場合であって、自閉症児・者を対象とする場合には、その理解力などについて配慮する必要があるでしょう。

## 4．性ガイダンスをだれがだれに対して行うか

　まず、「だれが性ガイダンスを行うか」です。以上述べたように、日常生活のなかで継続的に性ガイダンスを行っていくという立場を取るならば、子どもに性的情報を伝えるのは、子どもの生活に関わる大人全員ということになります。保護者や家族だけでなく、保育士や学校・幼稚園の教師にも、そういう心がまえは必要でしょう。自閉症児・者の場合は、療育などで関わる担当者も同様です。ですので、関係者のあいだで、あらかじめ、性の情報をどのように伝えるかについて話し合っておくことができればベストでしょう。中心となるのはやはり保護者ですので、

保護者の考え方に沿って性ガイダンスを進める必要があります。そのためには、子どもの性ガイダンスに関して保護者がどのような考え方をもっているかを、学校関係者や療育関係者は把握しておく必要があります。このことは、TEACCHプログラムの前提2にもはっきりと述べられています。

　ここで大切になるのは、子どもに伝える情報の内容だけでなく、どのような姿勢で伝えるか、です。性にまつわる話題を話し合うのは、だれにとってもある種の抵抗感があるものですが、性ガイダンスを行う大人が、恥ずかしがったり、下品な表現を使ったりしてしまうと、子どもは、性に対してそういうイメージを抱いてしまいます。子どものこころの発達を研究する学問分野を発達心理学と呼びますが、その発達心理学の用語に、「社会的参照」という言葉があります。子どもは、未知の状況でなんらかの判断をするときに、身近な大人の様子を参考にします。たとえば、何か子どもの不安がかき立てられる状況（初めてプールに飛びこむなど）で、それを見守る母親が不安そうな表情を浮かべているのを見ると、子どもも必要以上に不安になってしまいます。「プールに飛びこむのは怖いことなんだ」と思ってしまうのです。逆に、母親がほほえんで「大丈夫だからやってみなさい」とでも言わんばかりの表情を見せれば、子どもも、挑戦してみようという気になるでしょう。性ガイダンスにかぎらず、子どもは大人の言葉以上にその態度に注目していることを忘れてはなりません。

　同じようなことですが、大人は子どものロールモデル（お手本）となっていることも念頭に置いておく必要があります。いくらもっともらしいことを伝えていても、その大人が実際にはだらしないことをしていれば、それは、子どもにとっては矛盾したメッセージとなってしまいます。子どもへの性ガイダンスは、性に対する大人の態度を見直す機会にもなるのです。アメリカの特別支援教育研究者レベッカ・コラー氏は、「これらの人たち（筆者注：自閉症児・者のこと）に性教育を行おうとする人は、自分自身の姿勢、価値観、動機についてはじめによく吟味しておく

必要がある」と述べています。

次に、「だれに対して性ガイダンスを行うか」です。TEACCHプログラムの前提１にあるとおり、すべての自閉症児・者が性ガイダンスを必要とします。（ついでにいえば、すべての定型発達児にも性ガイダンスが必要です。しかし、教育学研究者の大久保賢一氏らの指摘のように、自閉症児に対しては健常児以上に支援が必要です。）ただし、すべての自閉症児がみんな同じ性ガイダンスを必要としているわけではありません。どのような情報を、いつ、どのような形で子どもたちに伝えていくかは、さまざまな要因で変わってきます。たとえば、子どもの年齢、発達レベル、知的レベル、身体的健康状態、生活状況などです。

子どもの状況によっては、将来、異性との交際や結婚の可能性が考えにくい場合もあるかもしれません。しかし、だからといって性ガイダンスが必要ないことにはなりません。こういう場合でも、たとえば、性的虐待や性犯罪にあわないようにするために何に気をつけたらよいか、もし被害者になってしまったらどうしたらよいか、といったことについての知識を伝えることは重要です。

## 5．ケース

本章の最後に、筆者がどのような「性ガイダンス」を念頭に置いて本書を執筆しているかをお伝えするために、３ケースご紹介します。

### 彼氏とセックスをするナミさん

20歳のナミさんは軽度知的障害がありますが、日常会話のやりとりにはほとんど困らず、一見知的には問題ないくらいに見えます。生活面でも、自分のことは一応自分でできますが、少々だらしない面もあって両親に怒られてばかりです。そんなナミさんは、小さいころから気分の波が激しかったので、中学２年生ごろから通院して薬をのんでいます。

でも、機嫌が悪くなると家でも学校でも反抗的態度をとって、薬をのむのもやめてしまったりしました。それが高じると家で暴れたり、学校に行かなくなったりしていました。高校生になってからは、家出をしたり煙草を吸ったりするようになり、高校は結局退学しました。その後はアルバイトを転々とする生活だったのですが、そのアルバイトのひとつで、22歳の彼氏と知り合いになりました。小柄で少し細めのナミさんは、服装もちょっと派手になって、露出が多い服を着るようになっていました。そのころの診察で、ナミさんと男性主治医とのあいだで、次のようなやりとりがありました。

　　主治医　最近、そういう服が流行ってるの？
　　ナミ　そう、みんな着てるよ。
　　主治医　ふうん、今までとは、服の好みも変わったかなあ？
　　ナミ　先生、わかる？　彼氏ができたの。
　　主治医　へえ、どんな人？
　　ナミ　22歳なんだけどね〜、なんかこう……幼いの。
　　主治医　幼い？
　　ナミ　なんか子どもっぽいのよね。でも、だから私と気が合うのかも。
　　主治医　うれしそうだね。2人でどんなことするの？
　　ナミ　映画見に行ったり、彼氏の家に行ったり……。
　　主治医　彼氏の家？　ひょっとして、セックスしてますか？
　　ナミ　（ニヤッとして）な・い・しょ。
　　主治医　そうか……まあ、プライバシーだしね（苦笑）。ひとつだけ聞いてほしいことがあります。もう20歳なんだし、お互いにそうしたければ、セックスするのはかまわないです。でも、ちゃんと避妊はするように。
　　ナミ　えーっ!?　セックスしていいの??
　　主治医　セックスしたくなることは自然です。でも今のあなたは薬ものんでいるし、生活も安定しているとは言えないので、今はまだ子どもを作る時期ではありません。それだけは気をつけてください。

　このやりとりを読んで、みなさんはどう思われましたか？　ナミさん

自身は、主治医が「セックスするのはかまわない」と言ったことに驚いたようです。おそらく、これまで周囲の大人に対して少々反抗的にふるまってきたナミさんにとっては、煙草を禁止されたり、学校に行くよう強く言われたり、大人に指示されることが多かったのではないでしょうか。だからおそらくセックスに関しても、ダメ出しされると思っていたことでしょう。それなのに主治医は「（セックスは）かまわない」と言ったのだから、驚くのも無理はありません。

　今の時代は以前よりも若者のセックスに寛容になったとはいえ、ナミさんのような状況であれば、周囲の大人は、セックス禁止と言いたくなるところでしょう。しかしナミさんのように反抗的な態度をとりがちな人は、禁止されるとますます逆らいたくなるものなのです。そもそも、禁止されるであろうとナミさん自身がわかっているなら、禁止することにあまり意味がありませんし、禁止で事足りるなら性ガイダンス自体成り立ちません。それに、軽度知的障害があるとはいえ成人ですから、性生活について周囲からとやかく言われる年齢でもなく、彼女の気持ちは尊重されるべきです。こういう場合は、セックス自体を禁止するよりも、何に注意すべきかを知っておいてもらったほうが得策と思われます。このやりとりでは簡単な説明ですまされていますが、ナミさんがもし必要とするなら、正しい避妊の方法や、妊娠中の服薬について、主治医から情報提供できるでしょう。

　なお、いくらお医者さんの診察とはいえ、性のことを話題にするのはまだまだ抵抗があることも多いでしょう。ナミさんの主治医は男性ではありますが、中学生のころからの比較的長いおつきあいなので、このやりとりに表れているように、性的なこともお互いにストレートに話題にできています。（ナミさんがニヤッとして「な・い・しょ」と答えたのは、表面上は隠していますが、もちろんイエスの意味です。それを主治医は察してくれるであろうことをナミさんはわかっているのです。そこで主治医もあえて突っ込むことはせず、暗黙の了解で済ませています。）主治医であろうが家族であろうが学校の先生であろうが、こういう信頼関係ができていること

は、性ガイダンスのうえではとても大切です。

### 女性の胸を触るノリユキくん

　ノリユキくんは、保育所に通う年中さんです。軽度の知的障害があって、思いどおりにならないことがあるとかんしゃくを起こすことがよくありました。そんなノリユキくんは、お気に入りの女性保育士がいて、保育所でその保育士の胸を触りたがることがよくありました。胸を触られた保育士は、怒ることなくその都度静かに注意していましたが、ノリユキくんのこの行動はいつまでも収まりそうにありませんでした。そこで、年中生活も終わりに近づいたある日、この保育士は、ノリユキくんに次のように話しました。
　「ノリユキくんはもうすぐ年長さんになります。年長さんはもうお兄ちゃんなので、先生のおっぱいを触ったらおかしいです。先生も、触られたら恥ずかしいです」
　年長さんになったノリユキくんは、保育士の胸を触ることはありませんでした。

### 男子にキスするハナさん

　小学校3年生のハナさんは、知的な遅れはありません。集団生活になじめなくて学校は休みがちでしたが、なかよしは何人かいて、そのうちの一人の男の子はとくにお気に入りでした。学校に行けた日はその男の子と一緒に過ごすことが多いのですが、ハナさんはその子にキスしてしまうことがよくありました。キスされた男子は、ちょっと困ったような態度はとりますが、はっきりと拒否することもありませんでした。
　このことについてハナさんのお母さんから相談を受けた担当カウンセラーは、次のようにハナさんに話すよう、お母さんに助言しました。
　「キスをしていいのは、大人になってからです」
　日ごろからお母さんのことが大好きでよく言うことを聞くハナさんは、キスをしなくなりました。

ノリユキくんのケースもハナさんのケースも、信頼する大人からのちょっとした助言で行動を変えることができたケースです。幼児のこういう行動は、問題視されなかったり、むしろ「かわいい」ととらえられたりすることがあるかもしれませんが、大きくなっても同じことをすれば「問題行動」ですから、早めに指導しなければなりません。とくに、自閉症の子どもは、こういう常識的な社会のルールやマナーを生活のなかで自然に身につけていないことも多く、だれかから教えてもらう必要があります。その際、「○○はいけません」というだけでなく、その理由を、子どもが理解しやすい形で説明することは有効です。また、それをだれから言われるかも結果を左右します。大好きな大人、信頼される大人から言われたほうが有効であることは、言うまでもありません。

　ノリユキくんは、家でお母さんの胸を触るのと同じ調子で触ったのでしょう。さまざまな感覚特性をもつ自閉症のお子さんが、人のからだ、とくにお母さんのからだを触りたがることはよくあり、そこには性的な意図はありません。単にその感触を楽しんでいるだけです。腹部、乳房、二の腕など、柔らかい部位を触ることが多いように見受けられます。さらに、触られた大人がそれに対してはっきりいやがらなかったり、中途半端なリアクションをしたりすると、子どもはそれを面白がってますます触りつづけます。そこで、理由をつけてはっきり伝えることが大切です。この例のように、第三者からでなく、触られる人自身から伝えることができればベストです。「もうすぐ年長さんだから」と、ノリユキくんのプライドをくすぐるような表現にしたのもよかったのでしょう。さらにこの保育士の言い回しには、どこにも命令文はなく、すべて事実だけを述べた文になっている点に注目してください。自閉症の特性をもつ人は、こういう表現のほうが受け入れやすいことが多いのです。

　ハナさんは、テレビか何かでキスシーンを見たのでしょうか。好きな人にはキスしていいと思ってしまったのでしょうね。ここでも、きちんとマナーを伝えることが大切です。この例では、「大人になってから」

というところがポイントだと思います。自閉症の人は、言われることを言葉どおり受けとってしまうことがありますから、「キスしてはいけません」と言うと、一生キスしてはいけないのだと思ってしまうかもしれません。また、この例でも、命令文ではなく事実を述べる形で伝えられています。

　いかがでしょうか？　本書で筆者がイメージしている「自閉症児・者のための性ガイダンス」は、以上のようなものなのです。

## 6．まとめ

　性ガイダンスというのは、子どもの自己理解を助けるためのひとつの手段です。大人からの一方通行の情報発信になっては、意味がありません。「言うことは言ったから、私の仕事は終わり」などというものではないのです。ここで思い出されるのが、筆者が尊敬する精神科医の一人、川崎医科大学精神科学教室名誉教授である青木省三氏の言葉です。青木氏は、その著書のなかで、発達障害をもつ人と対話する際の心がけとして、次のようなことを述べておられます。

　　同様のやりとりを、これまでに何回も繰り返してきた。最初は、彼が納得しないままで終わっていたが、（中略）「僕の考えを伝えて、彼が納得するのを待つ」を繰り返しているうちに、少しずつ納得して受け入れることができるようになった。

　筆者は、この「伝えて待つ」という姿勢の大切さは、どんなに強調してもしすぎることはないくらいだと思っています。こちらの主張や都合を押しつけて、すぐに納得させようと思ってはいけません。

　「伝えて待つ」ことの一例として、ピアノやバイオリンのレッスンを挙げてみます。こういうレッスンの先生は、辛抱強いものです。レッスンで指示されたことを生徒がすぐできることはほぼないのですが、それでも怒ったりあきれたりすることはなく、同じことを、言葉を変えなが

ら何度も指導します。時には、しばらく言われないのでもうできるようになったのかなと生徒が思っていると、以前と同じことを久しぶりにまた言われたりします。こういうときの先生は、まさに「伝えて待」っていたのでしょう。

　性ガイダンスも同様で、今すぐにわからせようと思うよりも、根気強く対話を重ねることが重要であると考えます。同じことを何度も言わないといけないかもしれませんが、その積み重ねが必要です。本章「4．性ガイダンスをだれがだれに対して行うか」の「社会的参照」のところで述べたように、何度も同じことを伝えようとするそういう大人の姿勢からこそ、伝えようとしていることの重要さを子どもが理解するのです。

# 第2章 自閉症スペクトラム障害の特性

　自閉症について書かれた本も数多く出版されているので、ここでは、その特性の簡単な説明に留めておきます。

　自閉症というのは、生まれつきの発達障害です。全人口の1～2パーセントに見られ、男性に多い傾向があります。現在は主として、「自閉症スペクトラム障害」、または「自閉スペクトラム症」という名称が使用されますが、これは、これまで使われてきた「自閉症」「アスペルガー症候群」「高機能自閉症」「広汎性発達障害」などの名称を一括して指すものです。しかし、これら従来の名称も今でも使われることがあります。「アスペルガー症候群」は、「アスペルガー障害」と呼ばれることもあり、コミュニケーションの問題は軽度で、知的障害がないかあっても軽度のケースに使われます。「高機能自閉症」は、コミュニケーションの問題はありますが、知的障害がないかあっても軽度の場合です。このように多少の違いはありますが、どの用語を使用した場合でも、本質的には同じ病態と考えられていて、これから説明するようないくつかの特性をもっている点が共通しています。そのため、一括した名称を使用するようになったのです。本書は学術書ではないので、この点にはあまりこだわらず、「自閉症」「アスペルガー」などの名称も使用しています。

## 1. 自閉症スペクトラム障害の特性理解

　自閉症の主たる特性のひとつ目は、社会性の困難さで、いわゆる対人関係の問題です。自閉症は、対人関係からひきこもる病気、と誤解され

ることがよくありますが、そんなことはありません。たしかに、人と一緒にいるよりも一人になることを好む自閉症児・者もいますが、友達が大好きでいつも一緒にいたいと思っている人もいます。でも、いずれの場合も、対人関係がスムーズにいきにくい点は同じです。

　なぜスムーズにいかないのか？　その理由としては、相手の気持ちを察するのが難しいことや、自分の気持ちを優先してしまいがちなことなどが挙げられます。いわゆる「空気を読む」ということが苦手です。相手の言葉の裏にある意図や感情を読みとれません。フランスの作家サン＝テグジュペリの有名な『星の王子さま』で、キツネが「かんじんなことは、目に見えないんだよ」と王子さまを諭しているように、相手の気持ちを察するとか、空気を読むとかいった、生活のうえで大切なことは「目に見えない」ことがとても多いのです。自閉症児・者は、第三者視点に対する意識が希薄で、自分がどう見られているか、どう思われているかを意識しながらふるまうことがあまりありません。その結果、自分がしていることがマイナスに受け止められていても、気づかないか、気づいてもあまり頓着しません。

　コミュニケーションの問題も絡んできます。知的障害があると、言葉のやりとりそのものが難しいことがあります。やりとりはできたとしても、自閉症児・者にとって、言語的コミュニケーションは弱点となる場合が少なくありません。聴覚記憶が弱かったり、関心がないことに意識を向けることが難しかったりするために、言われていることがなかなか頭に定着しないのがひとつの理由です。自分から話す場合も、相手が必要としている情報を的確に発信するのが難しいので、ひとりよがりの説明になりがちです。オウム返しが見られることもあります。

　コミュニケーションの問題は、性の話題となるとその難しさが倍増します。たいていの人は、性的な話題に関しては、婉曲表現を使ったり隠語を使ったりすることがあるからです。また、親密になりつつある男女間でも、ストレートに言わないほうがおしゃれなことがあるのはご存じのとおりです。文豪夏目漱石は、英語教師をしていたころ、生徒が「I love you」を「私はあなたを愛しています」と訳すのを聞いて、「日本人はそんなことは言わない。「月が綺麗ですね」にしなさい」と言ったという逸話（実話ではないらしい）が有名ですが、そこまで極端でなくとも、「僕と一緒にお墓に入ってください」なんていうプロポーズの定番も、自閉症児・者にはわかりにくいものかもしれません。「お墓のなかなんて、怖くていやだわ」なんて断られそうです。性教育研究者のエノー氏は次のように書いています。

　さらに困ったことには、性に関する話題となると、ちょっとした仕草や言い回しに微妙な意味が込められていて、行間を読みとらなければならないのです。アスペルガー症候群をもつ青年がよくこぼすのですが、だれかとやりとりしていても、まるで、全然わからない方言のように聞こえるらしく、「いつもいつも、新しい言語を習いはじめる感じ」と言います。

　見聞きしたことを、額面どおり受けとってしまう傾向もあります。そのため、たとえば、同級生たちが性的な話をしているのを聞くと、そのまま鵜呑みにしてしまうかもしれません。しかし、思春期の子どもたちは、いろいろなことを大げさに言ったり、逆に隠したりするものなのです。テスト前に、みんなちゃんと試験勉強してきているくせに、「わたし、ぜ～んぜん勉強なんてしなかったわ」って言ってること、よくありますよね？　こういった、直接的でないコミュニケーションは、自閉症児・者にとっては不可解なのです。
　そして、的確なソーシャルスキルがなかなか身につきません。ソーシャルスキルとは、対人関係を円滑にするための手段のことです。たとえば、普通は会話の皮切りに、あいさつや天候の話題から入る、というのもソーシャルスキルのひとつです。そうでなくて、顔を合わせていきなり用件を切り出すと、相手はびっくりします。しかしこれも、家族などとくに親しい間柄だと、天候の話題から入ると逆におかしいことになってしまい、臨機応変な判断が必要です。この点も、自閉症特性をもつ人

にとっては難題なのです。

　そしてこの臨機応変の難しさが、自閉症特性のふたつ目である、こだわりにつながります。日常生活でその場の状況に合わせて臨機応変な判断ができないので、ある一定のやり方に執着するのです。その結果、物事の手順ややり方を変更することをきらいます。初めて体験することも、予定の変更もとても苦手です。そのときそのとき対応するのではなく、マニュアル的に「これはこう」と決まっているほうが安心できるのです。その結果、周囲から見るといかにも不自然な行動がみられることがあります。また、自閉症特性をもつ人は独特の感覚をもっていることもあります。ものの見え方や聞こえ方、匂いや味の感じ方、肌触りの感触などが、過敏であったり鈍感であったりするのです。そのため、特定の感覚をひどくいやがったり、特定の感覚がないと落ち着かなかったりして、これも、周囲の人から見ると少々風変わりなふるまいが見られる理由のひとつです。たとえば、不意の大きな音を極端にいやがるとか、お気に入りのぬいぐるみを抱いてないと寝られないといったことがよく見られます。アメリカの子ども向けテレビ番組『セサミストリート』に出てくるジュリアという女の子は、自閉症をもっていて、おもちゃの自動車のタイヤをぐるぐる回すのが好きです。

　以上のような自閉症の主たる特性は、多かれ少なかれ発達早期から見られます。小さいころから、多動、かんしゃく、言葉の遅れなどに気づかれることはめずらしくありません。ただし、これはケースバイケースで、とくに知的な遅れが軽度かもしくはない場合には、幼児期にはまったく問題がないか、あっても生活に大きな支障が出ないこともあります。

　しかし、小学校、中学校と進んで成人に達するなかで、なんらかの困難さがはっきりと出てくるのが普通です。なかには、大人になってから初めて生活上の困り感が生じて、受診、診断に至る方も、近年少なくありません。いずれにしろ、生まれたときからもっている自閉症特性は、それが表面化するにせよしないにせよ、生涯つきまとうものなのです。したがって、成人するまでには、本人も周囲の人たちも、こういった特

性との上手なつきあい方を身につける必要があります。

　なお、自閉症スペクトラム障害との合併がよく見られる障害として、知的障害、学習障害、多動症、選択性緘黙（かんもく）、チックなどが挙げられます。

　知的障害とは、知能の障害です。精神遅滞（ちたい）と呼ばれることもあります。これは主に、知能検査に基づいて診断されます。いわゆる精神年齢が、実際の年齢よりもかなり低いのが知的障害です。通常、軽度、中度、重度、最重度に分類されます。軽度であれば、言葉のやりとりはかなりできることがあります。中度では、簡単なやりとりにかぎられます。重度、最重度となると、言葉でのコミュニケーションはほとんどできません。アスペルガー症候群と高機能自閉症は、知的障害がないかあっても軽度の自閉症スペクトラム障害です。なお、本書のケース中、「知能は平均下位」という表現が出てくることがありますが、これは、「平均的知能の範囲内だが低いほう」という意味です。

　全般的に知的能力が低い知的障害と異なり、特定の能力だけに問題があるのが学習障害です。読み・書き・算数の障害が代表的で、読みの問題が一番よく見られます。

　多動症は、注意欠如多動性障害、ADHDとも呼ばれます。忘れっぽさや集中力のなさ、気の散りやすさ、落ち着きのなさが特徴の発達障害です。小児の3～5パーセント、成人の2～4パーセントに見られます。

　選択性緘黙は、場面緘黙と呼ばれることもあります。言葉を話す能力はあるけれども、特定の場所でしか話さないというもので、家では話すけど学校（または幼稚園、保育所）などではまったく話さないというパターンがよく見られます。頻度は不明ですが、自閉症スペクトラム障害との合併はめずらしくありません。

　チックは、からだの一部分が瞬間的にすばやく動いたり（運動チック）、瞬間的に声や音を発したり（音声チック）する症状です。いずれも、本人が意識してやっているものではありません。運動チックと音声チックの両方が長期間続くものを、トゥレット症候群（またはトゥレット障害）と言います。

## 2．自閉症スペクトラム障害の支援

　次に、自閉症スペクトラム障害の支援と治療について少し触れます。
　支援のためには、支援者（家族、学校関係者、医療関係者など）が、自閉症特性をしっかり理解することが一番大切です。個々の自閉症児・者の行動が自閉症特性とどう関連しているかという理解なしに支援は成立しません。そのためには、上記の自閉症特性を熟知しておき、それがどのような形で現れうるか、さまざまなケースに接して知っておく必要があります。そのうえで、これから述べるさまざまな支援手段を考慮します。
　第三者視点や相手の気持ちに気づきにくいので、まずはこの点を意識できるような支援が必要です。自分がこうしたら相手はこういう気持ちになるとか、こういうときはこうしたほうが相手のためになるのだということを、生活のなかでその都度指導していくことには辛抱がいりますが、ぜひ必要なことです。
　言語的コミュニケーションが難しいので、それを補う手段も必要です。しばしば使われるのは、視覚支援です。音声情報のみならず、写真、絵、文字などでも同じ情報を提示することによって、自閉症児・者に伝わりやすくなります。相手の気持ちについて話題にするときも、さまざまな表情のイラストを利用したりします。
　ソーシャルスキルを教えてあげるのは、なかなか大変ですが、日ごろの積み重ねしかありません。ここでは詳しく紹介しませんが、自閉症児・者の教育を研究しているキャロル・グレイ氏のソーシャルストーリーやコミック会話はよく使われます。ソーシャルスキルを個別やグループで指導する、SST（ソーシャルスキルトレーニング）と呼ばれるプログラムも利用されます。
　自閉症児・者が苦手な臨機応変な対応はどうしたらよいでしょうか？臨機応変というのは「想定外」への対応ということになりますから、こ

の「想定外」を減らす工夫が有効です。その日の予定や今後の予定などについて、予告して伝えることによって見通しをつけやすくしてあげます。「想定外」と並んで苦手なのが「あいまいさ」です。このあいまいさを減らすためには、構造化が有効です。構造化というのは、日常生活で遭遇するさまざまな状況を、できるだけわかりやすく境界づけすることです。たとえば、その日のスケジュールをきっちり決めてあげるのは、時間の構造化です。今いる場所のなかでどこが何をする場所なのかをわかりやすく示してあげることは、空間の構造化です。

　感覚特性への対応も必要です。苦手な感覚を回避する手段として、耳栓やイヤーマフ、サングラスなどが使われます。逆に、必要とする感覚を与えるために、バイブレーターやクッションが使われるのもその例です。

　こうした、自閉症特性理解にもとづいた支援を、性的な行動のなかでどう考えるかを第3章以降で見てゆきますが、ここで一例だけ挙げておきます。

### 裸になるアキラくん

　アキラくんは、中度の知的障害をもつ小学2年生で、お母さんとの二人暮らしです。学校では特別支援学級で生活しているのですが、言葉でのコミュニケーションはほとんどできません。言われることは多少理解できていても、自分から言葉を使って何かを伝えることはほとんどありません。排泄は未自立で、一日じゅう紙パンツでの生活です。

　家族が困っているのは、アキラくんが突然何かをしてしまうことでした。たとえば、なんのきっかけもないのに、いきなり机の上の物を払いのけてしまったり、人を叩いたりするのです。そうする理由も一見わからないし、なんの前兆もないので、周囲の人は本当にびっくりしてしまいます。これはてんかんの症状かもしれないということで一度検査を受けましたが、異常はありませんでした。

　周囲の人たちが心配したアキラくんの行動のひとつが、突然裸になって

しまうことでした。これも、なんのきっかけも理由もないように見えました。家でも学校でも、暑いわけでもないのに、いきなり服を脱ぎはじめるのです。家から飛び出して、近くの川でいきなり全裸になってみんなを驚かせたこともありました。アキラくんは以前から、紙パンツにおしっこが出るたびに服を脱いでいたのですが、ひょっとしたらそれが気持ちよくて、おしっこが出なくても裸になることを覚えたのではないかとお母さんは考えていました。

これに対して学校の先生は、アキラくんが服を脱ぐたびに、服をまた着せるということを繰り返してくれました。何か声をかけるわけでも叱るわけでもなく、淡々と着替えさせてくれたのです。ふたたび服を着せられたアキラくんは、なにごともなかったかのように遊びつづけ、服を着ていることが苦痛という様子ではありませんでした。こうして次第に、学校で裸になることはなくなりました。ただ、家ではお母さんが服を着せようとしても激しく抵抗するので、なかなかうまくいかない状況が続いています。

　アキラくんが、一見なんの理由もなく突然裸になってしまうので、周囲の大人が困っています。何が問題なのでしょうか？

　大人目線で考えると、裸になることには何か性的な意図があると感じてしまうかもしれませんが、それはそうとはかぎりません。発達障害の有無にかかわらず、裸に対する子どもの意識は、大人のそれとは違います。しかしなかにはもちろん、性的な意図があって裸になる場合もあるでしょう。大切なことは、一見「性的問題」に見える行動は、本当に性的な問題なのか、それとも他の観点からアプローチしたほうがよいのかを見極めることです。

　アキラくんの場合、裸になって何か性的な行為に及ぶことはないし、性的な意図をもつと思われるような行動が他に見られることもありません。アキラくんが裸になることには、性的なこと以外の意味が何かあるのでしょう。アキラくんのお母さんが考えているように、ただ単に気持ちいいだけなのかもしれません。

　発達障害をもつ人はほとんどの場合、なんらかの感覚的特性をもって

いて、特定の感覚刺激を極端にきらったり好んだりすることがめずらしくありません。そういう子どもが、特定の着衣の感触をきらって、脱いでしまうこともあります。こういう場合は、感覚特性への配慮が必要になります。その感覚が子どもにとってあまりに苦痛であるなら、どういう服であれば不快にならずに身につけることができるかを探っていったほうがよいでしょう。アキラくんの場合も感覚特性が理由で裸になってしまうのかもしれませんが、また服を着てしまえばそれほどいやがらないところを見ると、耐えられないほどの苦痛ではないのでしょう。だから、また着せるという対応でよいと思われます。

　さらに、アキラくんが今後学んでいかないといけないのは、人前で裸になるのはルール違反だということです。ただし、このことを言葉で伝えて理解してもらうのは、今のアキラくんには難しそうです。それに、下手に言葉で関わろうとすると、アキラくんは「裸になれば関わってもらえる」と理解してしまい、さらに裸になりつづける恐れがあります。これは、必要以上に叱責される場合も同じです。言われていることを十分に理解できないアキラくんは、普通の言葉かけも叱責も同じようにとらえてしまいかねません。ですから、アキラくんの先生がしてくれたように、淡々と着替えさせるのが一番です。こうしてアキラくんは、おそらく、学校で裸になってはいけないということを、時間をかけて学んでいってくれたのです。

　ただここで難しいのは、こうして学んだことをなかなか応用できないのが、自閉症の特性でもあるということです。学校で裸になってはいけないことがわかっても、家ではまた別の話です。また、先生の対応には応じることができても、相手が変わるとこれまた別の話です。とくにお母さんだと、これは特別な関係なので、いろいろな意味で他人との関わりと同じようにはいかない場合があります。

　このように、表面上の行動とその行動の裏にある自閉症特性との結びつきを理解することはとても大切です。以上述べてきたような、自閉症特性についての理解とその支援を、性的行動に対してどのように応用す

るか、ということが、本書のエッセンスということになります。ただ、本書では、支援の具体的な手順などについては必ずしも細かく触れていません。その第一の理由は、自閉症と性の関係をどのように考えるかが本書の主要なテーマであり、理解に重点を置きたいからです。第二の理由は、視覚支援や構造化といった自閉症支援の原則は、性の問題でもそれ以外の問題でも変わりはなく、具体的な支援方法については、近年たくさん出版されている他の良書を参考にしていただけるからです。ここでは、児童精神科医である吉田友子氏の『高機能自閉症・アスペルガー症候群 「その子らしさ」を生かす子育て 改訂版』をご紹介しておきます。自閉症特性の的確な理解についても支援についても役立つ本です。

　ここで、ひとつ確認しておきたいことがあります。自閉症特性というのは、その人らしさに関わる貴重な特性ですが、その人のすべてではありません。多くの自閉症児・者と接すればわかることですが、自閉症特性は共通していても、性格はさまざまです。ちょっぴり怒りっぽい人もいれば、穏やかな人もいます。おしゃべりが好きな人もいれば寡黙な人もいます。辛抱強い人もいればそうでない人もいます。ですから、自閉症児・者の行動を、すべて自閉症特性で理解しようとしてしまうことは、自閉症特性を理解しようとしないことと同じくらい、誤りなのです。それに、自閉症特性自体もさまざまであり、これは、近年「スペクトラム（＝連続体）」という用語が使用されるようになった理由でもあるのです。自閉症特性のうちどれかがとくに目立って、他の特性はあまり目立たなかったりします。自閉症特性のパワー全開の人もいれば、自分の特性を理解してその特性と上手につきあっている人もいます。以上の点は、その人その人に合わせた支援を考えるときにとても大切になります。この視点が抜け落ちてしまうと、すべての自閉症者に対して、画一的な支援を機械的に応用するようになってしまいますが、これは絶対に避けるべきことだと思います。

　最後に、薬についても触れておきます。
　自閉症そのものを治療する薬は、今のところありません。しかし、自

閉症特性に由来するある種のしんどさを緩和するための薬は、いくらかあります。とくに、イライラやかんしゃくに対しては、薬による治療がよく使われます。代表的なものは、リスペリドン（商品名：リスパダールなど）とアリピプラゾール（商品名：エビリファイなど）です。漢方薬でよく使われるのは抑肝散です。多動症を合併していれば、メチルフェニデート（商品名：コンサータ）、アトモキセチン（商品名：ストラテラ）、グアンファシン（商品名：インチュニブ）などが使用されます。しかし、薬を使用していても日ごろの支援は必要です。薬は、あくまでも、日ごろの支援が自閉症児・者に届きやすくするための手段ともいえます。つねにイライラしている状態では、支援者の指導や言葉も耳に入りません。薬の力を借りて落ち着いた精神状態を保つことにより、さまざまな支援がより有効になるのです。どこで見聞きしたのかもう忘れてしまいましたが、「薬の効果は一時的、指導の効果は持続的」というのは、筆者が好きな言葉です。

# 第3章 思春期のからだとこころ

## 1．思春期のからだ

　室町時代の能役者、世阿弥は、能の理論を述べた『風姿花伝』のなかで、能を教えはじめるのは7歳ごろからとしています。そして、12〜13歳ごろの男子は「何よりもまず稚児姿である故、何といっても優美である。声も立つ頃である」と評しました。しかし、17〜18歳ごろとなると、「まず声が変ってしまったから、美しい声の魅力はなくなった。体もひょろながく延びたため、風情はなくなって、以前の声も盛りで華やかに容易にやれた時期が一変し、その方法が全く変ってしまうから、当人はがっかりしてしまう。その挙句、見物の人達も滑稽に感じているらしい容子がみえると、恥ずかしくはあるし、あれやこれやでくさり切るのである」と述べています。体型の変化のみならず、この年代に自意識が高まって人目を気にするようになることにまで言及するなど、思春期の心身の変化を捉えるさまは、能の理論書というより発達心理学の記述のようにさえ思えます。

　思春期を迎えると、男女ともにからだに変化が起こってくるのは、みなさんご存じのとおりです。どんな変化が起こるかについて詳しく書かれた本はたくさんあるので、ここでは触れません。そのかわりにここでは、そういう変化が子どもにとってどんな体験となるかを確認しておきます。一例を見てみましょう。

## 「ししゅんきって何?」と聞くケイくん

　小学4年生のケイくんには知的な問題はありませんが、自閉症と多動症があり、いつも落ち着きません。(多動症については、第2章の「自閉症スペクトラム障害の特性」を参照してください。)それで小さいころから、多動症の薬と安定剤をのみつづけています。なので、主治医とはすっかりなじみの関係になっていました。でもその女性主治医も、ケイくんがある日いきなり「ししゅんきって何?」と聞いてきたときは、ちょっと驚いたようです。そのときは、こんなやりとりになりました。

　　ケイ　(兄からもらったおもちゃについて話したあと)……先生、ししゅんきって何?
　　主治医　えっ、ケイくん、急に何?　どうしてその言葉知ってるの?
　　ケイ　お兄ちゃんが言っとった。エッチになるんやって。
　　主治医　まあ、そういえばそうだけど……(苦笑)　お兄ちゃん、他に何か言ってた?
　　ケイ　毛が生えるって。あとは、お兄ちゃん笑ってばっかりで、何も教えてくれん。せやから先生に聞いてるんや。
　　主治医　そうだったのね。聞いてくれてありがとう。じゃあ、お話ししてあげるね。思春期っていうのは、だんだん大人になることです。こころもからだも大人になる準備をしてるの。大人と子どもは何が違うと思いますか?
　　ケイ　子どもは学校行くけど、大人は仕事行く。大人は結婚してる……。
　　主治医　みんながそうじゃないけど、大人になったら結婚する人もいるわね。それは、思春期に好きな人ができて、ずっと一緒にいたいと思ったら、結婚するの。ケイくんは、好きな人いる?
　　ケイ　好きな友達はおる。
　　主治医　そうね。でも思春期に好きになるときは、もっと違った感じです。お兄ちゃんが「エッチになる」って言ったのはそのことだと思います。
　　ケイ　……毛は?
　　主治医　どこに毛が生えるか知ってる?
　　ケイ　ちんことか(笑)

> 主治医　そうです。それもからだがだんだん大人になってるの。

　このケイくんのように、子どもたちは、とくに大人から教わらなくても、ある年齢に達するとからだに何か変化が起こるということに気づきます。ケイくんのように兄弟姉妹など他の子どもから情報を仕入れることもありますが、そうでなくとも、家族と一緒にお風呂に入ったときなどに、からだの違いには自然と気づきます。テレビなどのメディアからの情報も無視できません。そして、不安、憧れ、羨望など、いろんな気持ちを抱きます。

　障害の有無にかかわらず、からだというのは自分自身の象徴です。ですから、からだが変化していくというのは、とりもなおさず自分自身が変化していくということになり、存在そのものが何ものかによって根こそぎ揺さぶられるような、根本的な体験なのです。たとえば、思春期を迎えると男子も女子も、身長が伸びるペースがぐっと加速します。これを成長スパートと呼びます。ただし、成長スパートは女子のほうが早く始まるので、小学校高学年くらいだと、男子よりも女子のほうが、身長が高いことがあります。この成長スパートひとつとってみても、自分のからだがどんどん変わっていくだけでなく、背が高くなればまわりの世界の見え方も変わってくるし、男女の身長差からその力関係も変わってくるかもしれません。これは、子どもたちにとっては、驚くべき体験です。

　からだの変化に対して子どもが不安を感じるということを、周囲の大人は知っていなければなりません。それは、未知のことに対する不安であると同時に、「もし自分だけが子どものままだったらどうしよう」という不安でもあったりします。女子であれば、初経（初潮）の時期が人によって早かったり遅かったりすることに、一喜一憂するかもしれません。

　ケイくんの主治医があとでお母さんに尋ねたところ、この前日、2歳上のお兄ちゃんと2人で何やらコソコソ話していたそうです。第1章の

「1．性ガイダンスの目的は何か」で述べたように、性に関する情報を子どもがどこで得るかはさまざまで、誤った情報を得てしまうこともありうるので、このケースのように、信頼できる大人とのあいだで情報を共有できるような関係はとても大切になります。そして、第1章の「4．性ガイダンスをだれがだれに対して行うか」で「社会的参照」について述べたように、大人のほうもへんに恥ずかしがったりせずに、冷静に話さなければいけません。

　本書で取り上げている自閉症児・者にとって、こういう不安は定型発達児・者以上に大きく感じられるということは念頭に置いておく必要があります。そしてその不安が、一風変わった言動となって現れることがあるのです。

### 大人になりたくないナオキくん

　ナオキくんは、知的障害はありませんが、とてもマイペースな小学6年生です。通常学級に在籍していますが、なかなか集団生活になじめず、親しい友達もいません。

　もうすぐ中学生になるというのに、ナオキくんはずっと「幼稚園に戻りたい」と言いつづけています。でも、別に幼稚園がとくに楽しかったというわけでもなく、ただ「大人になりたくない」と言うのです。なぜ大人になりたくないのかは自分でもはっきりわからないようですが、とにかく頑なにそう言いつづけています。それで、成長したくないからと言って、ご飯もあまり食べようとしませんし、勉強もしないのです。

　ナオキくんが大人になりたくない理由はナオキくん自身にもわからないようですが、おそらくは、将来の自分の姿についてまったく見通しをもてないことと、今の自分自身や生活が変わることについて不安を抱いていることが関係しているのではないでしょうか。こういう不安はだれしも多かれ少なかれ抱きますが、友達関係のなかでお互いの成長を目の当たりにしながら、将来の自分についてのイメージをもっていくもので

す。集団生活になかなかなじめないナオキくんは、そういう経験ももちにくく、一人で不安を抱えてしまっているのでしょう。

### 脱毛するショウキくん

ショウキくんは、フリースクールに通う高校2年生です。知的障害は軽度で、言葉でのやりとりが十分可能です。最近の彼の行動の変化に、脱毛があります。思春期を迎えてすね毛が生えてきたショウキくんはどうもそれが気に入らないらしく、自室にこもって、毎日何時間もかけて毛を剃っているのです。そのせいで、ちょっと肌荒れがひどくなるくらいです。でも、そのことを指摘されると機嫌が悪くなるので、家族もなかなか注意できません。

ショウキくんは、第二次性徴のひとつである発毛に戸惑っているのでしょう。すね毛以外の発毛も処理しているのかどうかはわかりません。また、変声や性器の変化など他の第二次性徴を彼がどう感じているのかもわかりませんが、指摘されると機嫌が悪くなるところをみると、おそらくなんらかの不安を感じていると思われます。自閉症特性がない子でも思春期のからだの変化には戸惑うものですが、変化に弱い自閉症の子にとって、その戸惑いは計り知れないものかもしれません。なお、第二次性徴に対する嫌悪感は、性別違和の徴候として現れることもあります。性別違和については、第5章の「4．LGBTQ（セクシュアル・マイノリティー）」で取り上げます。

### お子さまランチしか頼まないヨウコさん

中学2年生のヨウコさんの知的障害は中度で特別支援学級に在籍し、簡単な内容なら少し言葉でのやりとりができます。もう月経も始まって胸も膨らんでいるのですが、今もヨウコさんは、外食のときに子ども用のメニューしか注文しません。聞けば、ただ単に好きだから、と言うのですが

……。

　これは、ただ単に自閉症特性としてのパターン的行動が続いているだけかもしれません。でも、思春期心性という観点で理解すると、大人になることに戸惑っているという見方もできます。はっきり意識しているわけではないので、本人も、「なぜだかわからないけど子ども用メニューのほうが好きなの」といった感じです。でも実際は、無意識のうちに大人になることを拒んでいるとも言えます。大人になることに対する戸惑いは、ショウキくんのようにからだに対する戸惑いという形でも現れるし、ヨウコさんのように大人らしいふるまいに対する戸惑いという形でも現れます。

　思春期というのは、子どもでもなければ大人でもない、まことに中途半端な成長段階といえます。第2章の「2．自閉症スペクトラム障害の支援」で述べたように、自閉症特性をもつ人は、あいまいさを苦手とします。とかく、白黒つけたがる傾向があるのです。ですから、こういう中途半端な状況は、時として耐えられません。この点も、ショウキくんやヨウコさんの戸惑いに一役買っている可能性があります。

　こういう時期までに、性に関する情報がきちんと伝えられていれば、今自分が経験していることは、だれでも通る道なのだということがわかって安心できます。逆に、そういう情報提供なしに一人で戸惑いつづける状況では、不安は増すばかりです。

### 下着を着けたくないサキさん

　サキさんは、小学5年生で、知的な遅れはありません。
　わりと大柄なサキさんは、もう、胸が少し膨らんできました。薄着だと透けて見えてしまうので、下着を着けるようにお母さんが言うのですが、絶対いやだと言います。理由を聞けば、「感触がいや」とのことです。まわりの人に見えちゃうから……と説明しても、そんなの気にしないと言って

聞きません。お母さんが学校の先生に頼んで説得してもらっても、ダメでした。

　サキさんは、自分で言っているように下着の感触がいやなのでしょう。第２章の「自閉症スペクトラム障害の特性」で説明したように、自閉症特性のひとつに感覚過敏があります。ただ、サキさんの場合、これまでになんらかの感覚過敏でひどく生活に困ったということはとくにありませんでしたから、彼女の感覚過敏はさほど顕著なものではないようです。なので、ひょっとしたら、やはりからだの変化への戸惑いも関係していて、今までの生活習慣を変えることに抵抗があるのかもしれません。いずれにしても、ここは、説得を続けつついろんなタイプの下着を試着しながら、使えるものを見つけるしかないでしょう。この先ずっと下着を着けなければ、これはエチケットの問題にもなり、本人がよければそれでいいというわけにもいかなくなります。（第４章の「２．性的なエチケット」もご覧ください。）

### 性欲に罪悪感を抱くナオフミさん

　21歳のナオフミさんには軽度の知的障害があり、時としてこだわりが強くなる傾向があります。特別支援学校卒業後、障害者雇用で軽作業をしています。息子の将来を心配していた両親は、ナオフミさんが仕事に就けたことをとても喜ばれました。

　ところがそれもつかの間、１年くらいしてから、ナオフミさんが仕事を辞めたいと突然言いはじめたのです。理由を聞くと、「いやな人がいる」と言ったり「朝起きるのがしんどい」と言ったり、そのたびに違う答えをするのでよくわかりません。困った両親は、ナオフミさんと一緒に、就労支援施設の相談員と面談をしました。

　なじみの相談員との一対一の面談で、ナオフミさんは、少し困ったような様子を見せて「言いにくいことなんだけど……」と前置きをしてから、仕事を辞めたい本当の理由を話してくれました。それは、もともとの仕事

> をする動機が、稼いだお金でポルノ映画を見に行ったり、時には女性が接待してくれる店に行ったりすることだった、という話でした。そして、「そんな性欲のために仕事するなんて……」と言うのです。自分の性欲に罪悪感を抱きながら１年働いてきたけど、もう耐えられない、とのことでした。
> 　これに対して相談員は、人間だから性欲があるのはあたりまえであること、自分で稼いだお金は自由に使ってよいこと、を伝えました。

　ナオフミさんは成人ケースですが、発達障害の有無にかかわらず、自慰行為や、性欲そのものについて密かに罪悪感をもつ子どもは少なくないようです。「マスターベーションは一日何回までしてもいいんですか？」なんてカウンセラーに単刀直入に尋ねた高校生もいます。
　第１章の「４．性ガイダンスをだれがだれに対して行うか」でも述べたとおり、周囲の大人が性に対して極端に潔癖な態度をとってしまうと、子どもは性を「汚いもの」と見てしまいかねません。自然でオープンなコミュニケーションが大切です。
　ナオフミさんの場合もうひとつ関与している要因としては、自閉症特性としての極端な生真面目さもありそうです。よくも悪くも善悪とかルールとかいったことに執着して、すべてを白黒つけたがる自閉症児・者は少なくありません。性にまつわる戸惑いにこの生真面目さが加わると、性に対するイメージが、ちょっと偏ったものになってしまうのかもしれません。

　本書では、生殖の仕組みについて教えるような、狭義の性ガイダンスにはあまり触れませんが、この節の最後に、付け加えておきたいことが２点あります。第１点は、身体各部の名称、とくに性にまつわる部分についてです。たとえば男性器であれば、「陰茎」「陰嚢」、女性器であれば、「陰唇」「膣」というふうに、各部位には正しい名称があります。子どもは、こういう知識をわざわざ教わらなくてもどこかで見聞きして知っていることが多いものです。それでも、機会があれば、正しい名称を

ちゃんと知っているかどうかをきちんと確認することは大切です。それは、たとえば、性被害に遭ったときなどに、加害者に何をどうされたかを第三者に説明するために必要だからです。家庭によっては、性器にまつわる名称について、家族にしか通じないような言葉を親子で使っていることもありますが、これでは第三者に通じません。ベルギーの入所施設で生活している知的障害成人を対象に、性に関する意識について面談調査を行った教育研究者のレッセリエ氏は、「われわれが面談した人のほとんどは、自分自身の性器官を指す俗語も隠語も知らず、正式な生物学的用語の知識もなかった」と述べています。したがって、必ずしも正確な専門用語でなくてもよいので（たとえば、「ペニス」でもよいでしょう）、きちんと身につけさせてあげたいものです。このことは、言葉でのやりとりがある程度可能であれば、知的なレベルにかかわらず大切です。

　第2点は、発達障害児・者に対して、「おしべとめしべ」みたいなたとえ話は、混乱のもとになるだけだということです。とくに、自閉症特性があると、暗示とか比喩とかいったものを理解することが苦手なので、植物の話がなぜ自分と関係あるのか、さっぱりわからないこともあるでしょう。こういうたとえ話を使いたくなるのは、教える側の羞恥心や抵抗感の問題だと思います。子どもの正確な理解を期すなら、正々堂々とストレートに伝えるべきだと思います。

　性教育一般についても多くの本が出版されていますが、ここでは、子どもと一緒に読めるものとして、前"人間と性"教育研究所所長である高柳美知子氏の『イラスト版 10歳からの性教育　子どもとマスターする51の性のしくみと命のだいじ』を挙げておきます。イラストが豊富で、見ているだけでも楽しめます。

## 2．思春期のこころ

　異性関係と性欲とは切っても切れない関係にはありますが、性欲とは別の部分で、異性に憧れたり関心を寄せたりする部分があるのも確かで

す。同性関係とはまた違う異性関係を通じて、自分が知らない世界を垣間見る体験は、どこかワクワクするものです。

> **彼氏と交際するケイコさん**
>
> 　ケイコさんは、通信制高校に通う高校3年生です。知的にはちょっと低いくらいで、一見普通の女子高生に見えます。ファッションもなかなかおしゃれで、体格ももう成人女性なみです。中学校で不登校になっていたケイコさんは当時病院にかかっていましたが、高校に入ってからは順調に登校できていて、受診は途絶えていました。
> 　そんなケイコさんは、好きなアニメのイベントで、1歳年上の男性に出会いました。同じアニメの大ファンだったのですぐに意気投合し、交際が始まりました。コンビニでバイトをしているこの男性は遠くの町に住んでいて、ケイコさんの町の近くで行われたこのイベントに参加するために来ていたのでした。なので、交際を始めてからは、ケイコさんがこの男性の町までちょくちょく出かけるようになりました。かなり遠くなので、彼氏の家に泊まるようになりました。両家の家族も公認の関係でした。
> 　今回、ある手続きのために診断書が必要だったので、ひさしぶりに受診しました。ケイコさんは、数年ぶりに再会した主治医に、新しくできた彼氏のことを嬉しそうに報告しました。ケイコさんは今までにも男性との交際経験はありましたが長続きせず（「今までは、すぐ飽きちゃったの」）、今回の彼氏が最長記録更新中（半年）とのことでした。主治医もそのことを一緒に喜び、セックスはしているのかと率直に尋ねました。ケイコさんはなんのためらいもなく、していると答えました。主治医が重ねて確認すると、避妊はちゃんとしているとのことでした。

　恋愛の体験は、年齢や障害の程度には関係ありません。次のケースをご覧ください。

## バレンタインデーが楽しみなⅠさん

　Ⅰさんは3歳半のときに自閉症とてんかんを診断され、小中学校は特別支援学級で過ごしました。特別支援学校高等部卒業後、6年半の一般就労を経て、現在は、「かしの木」という作業所に通所中です。そんなⅠさんの一面を、出版されたご家族の手記から抜粋します。

　かしの木に通いはじめて数年が経ったころ、カーネーションを一本持って帰ってくることがありました。そのときの私は「わが子が母の日だからといって花を買ってくるはずがない。母の日だからキャンペーンか何かで配っているのを貰ってきたのだろう……」と思っていました。しかし、次の年には鉢植えの花を持って帰ってきました。さすがに鉢植えの花は配っていないだろうと思い、不思議に思って近所を歩いていると花屋さんにわが子が持って帰ってきた鉢植えと同じ花が……このとき、「わが子が、花屋さんに入って、母の日だから花を買ってくれたんだ！」と気づき、また、前年もカーネーションを買ってきてくれたのだと分かり、私は今までに無いくらい、とても嬉しくて、皆に花を見せて回りたいくらいでした。（中略）次にわが子が覚えてきた行事は「バレンタインデー」です。本当にいつの間にか覚えてきて、毎年、チョコを貰うことができるか、2月14日はソワソワとして、貰えたら大喜び、貰えなかったら大興奮です。そして、私からもチョコを要求してくるので困ったものです。

　手記の記述から見ると、言葉でのやりとりはかぎられていて、Ⅰさんの知的障害はおそらく中度から重度かと思われます。そんなⅠさんでも、バレンタインデーの意味はある程度わかっていて、それを楽しむことができています（単純にチョコをもらえるのがうれしいだけかもしれませんが……）。知的障害の有無や重症度にかかわらず、異性への関心はあるものです。

　次に、性とは直接関係のない部分での、思春期心性にも少し触れておこうと思います。間接的にではあっても、性的な行動と関連があるから

です。

　まずは、家族との関係です。いわゆる「親離れ」です。思春期は、子どもの目が家庭内から家庭外に向く時期です。家族よりも友達と過ごす時間のほうが長くなったり、友達には信頼を寄せているのに家族の言うことには耳を貸さなくなったりします。場合によっては、家族に対してあからさまに反抗的になります。家族にとってはとても寂しい時期を迎えることになりますが、子どもの成長のためには必要なことなのです。つまりこれは、社会に出ていくための準備なのです。

> **反抗的になったマリさん**
>
> 　マリさんは知的には平均下位で、自閉症特性も軽度です。学校ではずっと通常学級に在籍しています。
> 　小学校のころのマリさんは、気に入らない先生がいると徹底的にきらうところがありましたが、普段はどちらかというと素直でおとなしめの子でした。そんなマリさんが、中学校に入ったころから少しずつ変わってきたのです。いろんな先生のことを、やたらと「あの先生、うざい」とか「めんどくさい」と陰で言うようになりました。「教え方が、マジ下手！」と言ったりもしました。それだけでなく、家でも気に入らないことがあると、両親に暴言を吐くようになったので、みんな少し戸惑っています。もともとやや頑固なところはありましたが、その傾向が一層強まった感じです。しかし、文句を言いながらも勉強は真面目にするし、機嫌がいいときは両親に対してもニコニコです。

　いわゆる「反抗期」は、自閉症の有無にかかわらず訪れます。その程度が人によって違うという点も定型発達児と同じで、自閉症児のなかでもさまざまです。ただ、自閉症児は定型発達児と比べて、もともと頑固なところが多少なりともあるので、どこまでが自閉症特性でどこからが「反抗期」なのかわかりにくいことも多々あります。小学2年生くらいの子が何かにこだわってなかなか言うことを聞かないでいると、「うち

の子はもう反抗期なんでしょうか？」と尋ねるお母さんは少なくありません。

　さて、将来独立した生活をおくる大人になるために、家族への反抗心がいわば踏み切り台になって、社会に飛び出していくと先に書きましたが、このあたりの事情は、自閉症児・者の場合どうでしょうか。自閉症特性のひとつに社会性の障害があります。人間関係がうまくいかないことが多いのです。そうなると、社会にもうまく飛び出せないかもしれません。反抗期を迎えた自閉症児が、家庭内にも家庭外にも居場所がなくなってしまうことが心配です。こういう場合、時として早まった異性関係に巻きこまれてしまいます。同性関係がうまくいかなくても、異性関係はからだの関係でなんとか結びつくことができるからです。自閉症児・者への性ガイダンスにあたっては、このことを認識しておく必要があります。

　アスペルガー症候群当事者である、ジェリー・ニューポート氏はこう述べています。

> 　この最初の一波で、同級生たちは異性の目を意識しはじめるし、なかには早くも性的な経験をかじってみる者もいる。そんななか、自閉圏の仲間たちはほとんどがとり残されることになる。といっても、女の子の場合は、無知なのにつけ込まれて、性的体験はずっと早くなることもある。あるいは、セックスと引きかえに「人気者になれる」と思って急ぐ人もいるかもしれない。でも、そんなのはまず、健全な体験にはならない。セックスの道具として利用されたって、社会性が発達したことにはならない。そんなのは人間と人間の関係ではなく、チーズバーガーと食べる人の関係でしかない。

　反抗期と並んでもうひとつ押さえておきたい思春期心性は、「みんなと同じがいい」ということです。思春期を迎えると、男女問わず、自分と他人をつねに比較します。そして、できるだけ同年代の人たちと同じようでありたいと願うものなのです。たとえば、ファッション。同じ年

ごろの若者が同じようなものを身につけている光景は、よく見かけます。とにかく、自分が何か「違ってしまう」と不安になるのです。先に挙げた女子の初経がよい例です。そして、自分が「同じ」と感じる者どうしで親密になり、「違う」と感じる人たちから距離を置くようになったりします。

> **「何かおかしい」と言われたナオトくん**
>
> 　アスペルガー症候群のナオトくんは、定時制高校１年生です。知的な遅れもなく、中学校時代はそれなりに友達づきあいを楽しんでいました。
> 　高校生活も順調にスタートしたのですが、しばらくすると、学校に行きたくないと言うようになりました。心配したお父さんが話を聞いてみると、「女子にきらわれてるらしい」と言うのです。ただ、友達を通してそう聞いただけなので事の真偽がはっきりわからないし、きらわれているとしてもその理由はナオトくんにはわからないようでした。そこでお父さんは、その友達から女子に直接聞いてもらうよう頼んでみてはどうかと助言しました。
> 　友達に聞いてもらったところ、たしかに同級生女子のあいだで「ナオトは何かおかしい」という噂が立っているというのです。その理由のひとつは、部活をしていないことでした。遠方から通うナオトくんは、部活をすると帰宅が遅くなるので、部活をしないことにしていたのです。もうひとつの理由は、スマホをもっていないことでした。使い慣れたガラケーで十分用を足せているナオトくんは、スマホに乗り換える必要性を感じていないのです。でも、まわりの同級生はみんな部活に所属してスマホももっていました。
> 　この理由を聞いたナオトくんはホッとしました。どちらの理由をとってみても、ナオトくんに何かの非があるわけではなく、ただ単にみんなと違うというだけだからです。ナオトくんはもともと人と違うことをあまり苦にしないタイプだったので、安心して登校を続けました。

　こういう具合に、何かが人と違うというだけで、その違いの善し悪し

とはまったく無関係に、思春期の子どもたちのあいだでは話題になってしまうわけです。たとえ取るに足らない理由からであっても異端児扱いされてしまうのは、つらいものです。でも、自閉的特性としてのマイペースさがよい方向にはたらけば、ナオトくんのように、「人がなんと言おうと気にしない」スタンスで自分を保つことができることもあります。

「みんなと同じがいい」という点に関しても、自閉症児・者には特有の事情があります。といっても、自閉症にかぎらず障害一般に当てはまることなのですが、それは、「障害」をもっている時点ですでに人とは違ってしまっているということです。どんなにがんばってみても、定型発達児・者とは、何かが違うのです。これは、本人が自分の障害について知っていても知っていなくても同じです。たとえ障害名を知らなかったり、なんらかの障害があること自体を知らなかったりしても、「何かが違う」と感じることは少なくありません。むしろ、なんだかわからないけど何かが違う、という漠然とした状況のほうが、不安が大きいかもしれません。こういったことをとくに痛切に感じるのは、知的障害がないかあっても軽い、いわゆる「高機能」の人たちです。自分と他人との違いに気づくだけの洞察力があるからです。

思春期の対人関係には、3つの課題があります。第一は、親との関係です。前述のように、親離れする必要があります。第二は、仲間との関係です。家族関係とはまた違う、仲間たちがとても重要になってきます。第三の対人関係はなんだかおわかりでしょうか？　それは、自分自身との関係です。つまり、自分を好きになれるかどうか、自分のありのままを受け入れられるかどうかということです。この3つの課題を思春期のあいだにどれくらいクリアできるかによって、その後の生活が大きく変わってきます。そして、障害があると、このすべてが難しくなってくるのです。障害のために、小さいころから親のサポートが欠かせない状況だと、親離れが一層難しくなります。親離れが難しいと仲間作りも難しくなるものですし、先に述べたように、自閉症特性そのものによって人間関係でつまずくことも少なくありません。そして、障害を受け入れる

ことができないと、その障害をもつ自分自身を受容することもできません。

> **親離れできないことを悩むワカナさん**
>
> 　ワカナさんは22歳です。軽度の知的障害と、軽度の自閉症傾向がありますが、一見障害があるようには見えません。しかし小さいころから人見知りがかなり強く、人と接することが不安なので、高校入学後不登校となり、そのまま中退して現在まで家庭で生活しています。家庭内での生活はそんなに問題ないのですが、一人で外出することができず、いつも必ずお母さんと出かけます。買い物をするにも店員と話せないので、なんでもお母さん任せになってしまいます。
> 　そんなワカナさんは、最近人目が気になりはじめました。子どものころはお母さんと一緒でもなんの問題もありませんが、もう20歳も過ぎたのにいつもお母さんと一緒なので、他の人にどう思われているか不安になってきたのです。自分の物を買うときもお母さん任せにしてしまっているので、店員さんに、どうしてこの人は一人で買い物しないのか不審に思われているのではないかと心配だというのです。でもだからといって、一人で外出する気にはとてもなれません。
> 　お母さんは、いつもよく行く店の人には、発達障害のことを話しておいてはどうかと提案しました。ワカナさんは、今この提案を検討中です。

　親のサポートが必要だと親離れが難しくなる一例です。加えて、他人の目に敏感になる年ごろでもあるので、ますます複雑な心境になってしまいます。お母さんの提案どおり、接することの多い人にだけでも理解しておいてもらえば、気持ちの負担は少しでも軽くなるかもしれません。

> **障害を認めようとしないダイキさん**
>
> 　ダイキさんの知的障害は軽度で、高校卒業後作業所に通いはじめました。でも、同じ作業所に行っている他の障害者の人たちを見て、「僕は障害じゃ

> ない」と言いはじめ、「普通の仕事」をしたいと言い張って、作業所をやめてしまいました。今は近所の人が世話をしてくれた簡単な仕事をしていますが、それも不満で、「もっとちゃんとした仕事」をしたいと言っています。でも、今の簡単な仕事でも周囲の指導と見守りが欠かせないので、一般就労はかなり難しいと思われます。周囲は障害者雇用を勧めるのですが、小さいころから検査を受けたり病院に行ったりしているにもかかわらず、頑として障害を認めようとしません。

　ダイキさんは、支援を拒んでいるという点で言えば、本章の「1．思春期のからだ」で紹介したヨウコさんとは逆に、「一人前の大人」になりたがっていると考えられます。ダイキさんがそこにこだわって障害を否認してしまっている理由はひとつだけではないと思われますが、今取り上げている思春期心性という観点で考えれば、子どもでもない大人でもない中途半端な思春期という発達段階で戸惑っているとも言えます。こういうときはえてして、ヨウコさんのように子ども時代に執着したり、ダイキさんのように早く一人前扱いされたがったりするものなのです。とくに自閉症特性をもつ方は「あいまい」「どっちつかず」の状況が苦手で白黒つけたがる傾向があるので、思春期という、中間的な段階での戸惑いは一層大きいでしょう。
　またこのケースでは、いわゆる本人告知のあり方についても考えさせられます。障害名や診断名を本人に伝えるかどうか、伝えるとしたらどのように伝えるかは、しばしば問題になります。すべてのケースに当てはまる回答はありませんが、告知はするほうが好ましいというのが現在は大方の見解と言ってよいと思います。筆者の過去の調査においても、自閉症児・者の家族は、本人に診断名を告知してよかったと感じています。ダイキさんは、さまざまな事情で、今に至るまで自分の障害についてきちんとした説明を受けて理解する機会がありませんでした。早期に告知を受けていれば、今の状況はまた違ったものになっていたかもしれません。自閉症児・者の支援において本人告知の問題は非常に重要だと

思います。

　ここでちょっと横道にそれますが、障害の本人告知と性ガイダンスとの共通点について触れてみます。一見全然関係ないことのようですが、どちらも、①プライバシーに関わる重要な問題であること、②本人が自分自身を理解して自分自身を守るためにも、大切な情報提供であること、③1回行えばそれですむわけではなく、本人の理解度を確認しながら、日常生活のなかで継続的に行う必要があること、④障害や性に対する周囲の姿勢も問われ、無視できないメッセージとして伝わることなど、共通点があります。保護者や支援者の心がまえとしても、同じような意識で向き合うのがよいのではないかと思うのです。

## 3．思春期と自閉症スペクトラム障害と性ガイダンス

　次章からさまざまな性の問題を取り上げていきます。その前に、他の箇所で述べていることと多少重複しますが、思春期、自閉症特性、性ガイダンス、支援のポイントなどについて簡単に表にまとめます。

### 表3-1　思春期を困難にする自閉症特性

●性差の意識が乏しい
　自閉症特性のひとつである社会性の問題です。年齢相応に性差を意識しないことがあり、小学校低学年くらいまでのように男女分け隔てなく接したりすると、思春期では違和感が生じます。

●変化が苦手、初めてのことが苦手、あいまいさが苦手
　思春期に経験することは、体型の変化、初めての月経など、自閉症児にとって苦手なこと満載です。おまけに、大人でも子どもでもないあいまいな状態は、居心地が大変悪いものです。

●抽象的思考や想像力の限界
　中学校や高校で勉強することは、小学校で学ぶような生活に密着したこと（＝具体的なこと）を離れ、目に見えない分子や原子のことだったり、遠い昔の歴史だったり、見ただけでは意味のわからない数学記号だったり、生活からかけ離れたこと（＝抽象的なこと）が中心になってきます。こういうことを理解するための想像力は、自閉症児にとってハードルが高いことが少なくありません。

- **人との距離感がわかりにくい、言われることを鵜呑みにしたり機嫌をとったりする**
  対人的な距離感をつかみにくい自閉症児は、いつまで経ってもよそよそしかったり、逆に急に親しげにふるまったりします。本人もやりにくさを感じつつその理由がわからないことも多いので、必要以上に相手に合わせすぎたりすることもあります。

### 表3−2　性ガイダンスを困難にする自閉症特性

- **ゆっくりした学習ペース**
  知的障害の有無にかかわらず、関心の度合いやコミュニケーション能力によって、提示される情報がどれくらい定着するかが影響されます。支援者のペースでなく、本人のペースを尊重すべきです。
- **コミュニケーションの問題**
  提示される情報が定着しにくいと同時に、困ったときやわからないときの発信が苦手です。質問しないからといって、ちゃんとわかっているとはかぎりません。
- **読解力の問題**
  自閉症特性があると、一般に視覚情報のほうが伝わりやすいといわれますが、そうでない場合もあります。文字情報ばかりたくさんあると混乱することもあります。
- **抽象的思考と理解の問題**
  今ここでの生活に密着していないことは、わかりにくいものです。抽象的に、「男女交際はこうあるべき」と説かれても、ピンときません。
- **学んだことと自分の経験とを結びつけることの困難さ**
  座学で学んだ机上の知識が、実生活ですぐに生かされるとはかぎりません。できるだけ、生活上経験していることに即して指導するほうがわかりやすいものです。

### 表3−3　自閉症スペクトラム障害支援の原則

- **問題は何なのか**
  第2章のアキラくんの例で見たように、目に見える行動にとらわれることなく、問題の本質を把握する必要があります。そのためには、自閉症特性の理解が不可欠です。
- **周囲の要求**
  真の問題は自閉症児・者にあるのではなく、周囲の要求にあることがあります。本人の能力以上のことを期待してしまうと、その期待にそえない本人が「問題」となってしまいます。
- **いつ、どこで、だれと etc.**
  「問題行動」が、いつ、どこで、だれと一緒にいるときに起きることが多いかがわかれば、支援のヒントになります。たとえば、そのとき一緒にいる人の関わりを求めているのかもしれません。学校の休憩時間に問題が多ければ、その時間をどうや

って過ごしたらいいかわからなくなっているのかもしれません。
- ●直前と直後
「問題行動」の直前と直後の状況を把握することは、とても大切です。直前の状況が「問題行動」の引き金になっていたり、直後の状況が「問題行動」を持続させていたりします。たとえば、かんしゃくを起こすからといってそれを収めるためにお菓子を与えると、お菓子ほしさにまたかんしゃくを起こす、といった具合です。
- ●生活全体の見直し
そのときの状況やその前後の状況だけでなく、生活全体を見直して、何かストレスとなっているものがないかも探ります。学校生活のストレスを発散するために、家で「問題行動」を起こしたりします。その逆もあります。
- ●生活年齢基準
知的水準や精神年齢が低いからといって、「問題行動」を大目に見てしまっては、真の社会性は身につきません。
- ●一生を視野に
むしろ、今後を見据えて、今は許容できても将来困るような行動は、早めに指導を入れる必要があります。代表的なのがボディタッチです。幼いときは許されても、成人してからは立派な犯罪行為です。自閉症児はとくにルールの変更に柔軟に対応できないので、ある年齢になったときに「今までは許したけど今からはダメです」と言われても、戸惑うだけです。早期からの指導が望まれます。
- ●横から目線
自閉症児・者は、頭ごなしに一方的に指示されることをとてもきらいます。「教える」「指示する」というスタンスよりも、「情報を伝える」「一緒に考える」といったスタンスのほうがよいようです。

---

イギリスの作家、J.K.ローリングの人気作『ハリー・ポッターと賢者の石』に登場する魔法族の子ども、ドラコ・マルフォイは、ホグワーツ魔法魔術学校に入学する前に出会ったハリー・ポッターに、「連中は僕らと同じじゃないんだ。僕らのやり方がわかるような育ち方をしてないんだ」と言います。魔法族以外の連中にはわからない、魔法使いや魔女なりの「やり方」があるというのです。私たち支援者も、自閉症児・者なりのやり方（＝自閉症特性）をわかりたいものです。そうすれば自ずと、支援の方向性も見えてくるはずです。

# 第4章 さまざまな性行動について

　この章では、さまざまな性的な行動について取り上げてゆきます。そのなかには、いわゆる「性的問題行動」も含まれます。第2章の「自閉症スペクトラム障害の特性」で述べたような、自閉症特性や「問題行動」への対応の基本原則を思い出しながら、読み進めていただければと思います。そのヒントになるように、紹介するケースの一部は、関連すると思われる自閉症特性別にまとめてあります。

　ただし、ここで気をつけていただきたいことがあります。障害の有無にかかわらず、人間の行動というものは大変複雑で、ある人がある行動をとる理由や原因がたったひとつしかないというものではありません。さまざまな要因が絡み合って、最終的な行動に結びついてゆくのです。

　とても卑近な例ですが、夕食のメニューを考えてみましょう。今日の夕食のメニューに何を選択するかは、ただ単に好みだけで決まるわけではありません。今日のお昼は何を食べたか、昨日は何を食べたか、自炊であればその費用や手間はどうか、外食であれば何料理のレストランがあるのか、一緒に食べる人がいるならその人の好みはどうかなどなど、いろんなことを考えて決めるでしょう。人間の行動というのはこのように、多くの要因に左右されるのです。そして、ここが肝心なのですが、どんな要因が関係しているかを、当の本人も自覚していないことも多いのです。私たちは、すべての行動を、この夕食の例のようにちゃんと意識して考えながら決定するわけではなく、むしろ、「なぜだかわからないけどそうしたかった」としか説明できないこともめずらしくありません。

ここは大切な点ですので、ひとつだけ例を挙げます。
　自閉症の特性のひとつである感覚過敏が著しい人は、特定の生地の着衣をいやがることがあります。そのために、時として、人前でも服を脱いでしまったりします。そうすると当然、周囲が困ってしまい、服を着せようとするなど何かと関わりをもつことになります。その結果、当の本人は、服を脱いだら関わってもらえるということを学習してしまいます。そして、感覚的に違和感のない服を着た場合でも、関わりを求めて脱いでしまうというパターンが定着することがあります。この場合、「人前で服を脱ぐ」という行動に至る要因として、「感覚過敏」と「社会性の問題」が挙げられることになり、両方に対応する必要があります。第2章の「自閉症スペクトラム障害の特性」でご紹介したアキラくんのケースがその例です。
　これから紹介するさまざまなケースも、自閉症特性との関連で考察しますが、それは、多くの要因のひとつにしかすぎないということをお忘れなく。いずれも、実際のケースに基づいた創作ですので、わかりやすくするために、多少なりとも単純化しています。しかし、似たようなケースがいろいろな箇所に登場するのを見ていただけばおわかりのように、やはりいろんな要因が関連しています。実際のケースに対応される場合は、「あ、これは○○が原因だな」と決めつけてしまうのではなく、頭をフル回転させていろんな可能性を探っていただきたいと思います。

## 1．性への興味

　精神医学のテキストには、子どもの性への興味の発達について、次のように書かれています。

　　性別に関する感情は、異性への胸の高まりや羞恥心という形で現れ始める。学童期の子どもは同性の子どもと関わることを好む。児童期は潜伏期（latency period）とも呼ばれ、思春期の性衝動が発露するまでの性心

理学的探求や遊びのモラトリアムの期間と考えられることもあるが、現在ではかなりの性的関心がこの時期にもあるということがわかっている。性的な遊びや興味は一般的に見られ、とくに男子に多いが、女子にも見られる。

　思春期には、からだの変化とともに、異性を見る目が自然と変化します。それまではぼんやりとしか意識していなかった男女の区別が、俄然とてつもなく大きな違いに感じられます。男女それぞれがまったくの別世界に住んでいるかのようになり、異性がほとんど神秘的な存在にさえ思えてきます。そして、異性と接したときのからだの反応もこれまでとは変わってきて、妙に胸がドキドキしたり顔が赤くなったりします。
　感覚が研ぎ澄まされ、見るもの聞くものに敏感に反応します。匂いにも敏感になって、異性に対する意識や感性の変化に自分でも気づき、うれしいような、でもその気持ちをどこかもてあますような、複雑な心持ちになります。そして、自分自身が性的な存在であるということを、いよいよ認めざるをえなくなります。金沢出身の文豪、室生犀星の自伝的小説『性に目覚める頃』には、17歳ごろの主人公の鋭敏な感覚について、次のような描写があります。

　　廓に近い界隈だけに、夕方など、白い襟首をした舞妓や芸者がおまいりに来たりした。桜紙を十字にむすんだ縁結びを、金比羅さんの格子に括ったりして行った。その縁結びは、いつも鼠啼きをして、ちょいと口で濡らしてする習慣になっているらしく、私はその桜紙に口紅の烈しい匂いをよく嗅ぎ分けることができた。そのうすあまい匂いは私のどうすることもできない、樹木にでも縋みつきたい若い情熱をそそり立て、悩ましい空想を駆り立ててくるのであった。

　こういう、芽生えはじめた性への興味が自閉症特性と結びつくと、さまざまな行動となって現れます。社会性に問題があると、性への興味を周囲にはばかることなく表現してしまうことがあります。また、性への

興味がこだわりとなってしまうと、なかなか厄介です。特性別に、ケースを見てゆきましょう。

## 1‐1．社会コミュニケーションの問題が関連する場合

### 女性をじろじろ見るジュンペイくん

　特別支援学校に通うジュンペイくんは、中学2年生です。知的障害は中度で、簡単な言葉のやりとりならできます。思春期を迎えたジュンペイくんは、女子生徒や女性教師に興味がわいてきたのか、そちらにやたらと目を向けるようになりました。少し離れてチラチラ見ることも多いのですが、時々グッと近づいて顔をまじまじとのぞき込んだりするので、みんな困っていました。顔やからだを見るだけで、触ろうとするとか何かをするということはないのですが、女子生徒はすっかり気味悪がっています。でも、ジュンペイくんはそんなことに全然気がついていません。
　見るだけだったジュンペイくんが、一度だけ「行為」に及んでしまいました。ある女子をチラチラ見ていたかと思うと、その女子のあとをつけて、更衣室まで行こうとしたのです。このときばかりは大騒ぎになり、先生から厳しく注意を受けました。ジュンペイくんが先生の注意をどれだけ理解できたかはわかりませんが、シュンとしていたところを見ると、自分が悪かったとは思ってくれたのでしょう。その後は、じろじろ見たりあとをつけたりといったことは見られていません。

　社会性の弱さは、自閉症特性のひとつです。自分がしていることが他人の目にどう映るか、他人にどう思われるか、といった意識が希薄なために、時として人を不快にさせてしまいます。ジュンペイくんも、周囲の女性にどう思われているかに無頓着でした。こういうところは、普段の生活で辛抱強く教えてあげる必要があります。
　ところで、「自閉症の子どもを怒っちゃいけないんですよね？」という質問を時々受けることがあります。そんなことはありません。自閉症があってもなくても、明らかに悪いことをしたら怒られるのはあたりま

えです。ただ、自閉症児の場合は、怒るだけではダメです。なぜ怒られたのか、ではどうすれば怒られなかったのか、といったことに気づけないからです。ジュンペイくんも、今回は怒られたことでそれなりに学ぶところはあったようですが、今後も上記のような辛抱強い指導は必要です。

> **女性の前で下半身を露出するヨウヘイくん**
>
> ヨウヘイくんは、特別支援学校に通う中学3年生です。そろそろ女性に興味が出てきたようで、学校やデイサービスで女性のほうをチラチラ見ていることがあります。近くに女性がいると、わざと卑猥な言葉を口にしたり、さっとボディタッチしたりすることもあります。周囲が一番困ったのは、回数は少ないのですが、女性の前で下半身を露出することでした。周囲の大人は、ヨウヘイくんの性的なふるまいに対して感情的に反応せず、短く注意するだけで対応してきました。そうすることで、こういったふるまいはだんだん減っていきました。最近のヨウヘイくんは、「〇〇さん（を）さわりません」と自分で自分に言い聞かせるようにひとり言を言うこともめずらしくなくなりました。

こういうケースは比較的よく見られます。ボディタッチなどにはたしかに性的な意図もあると思われますが、やはりそれだけでなく、自閉症特性も無関係ではありません。それは、人と上手に関われないという特性です。自閉症の人は他人に興味がないと誤解されることがありますが、けっしてそんなことはなく、人となかよくしたい、友達が欲しいと思っている自閉症の子はたくさんいます。でも、どちらかというと、上手な関わりをもてない子が多く、周囲の気を引こうとして、性的なことを言ったりしたりしてしまいます。だから、それに対して、周囲が過剰に反応するとそういう行動はますます増えてしまいます。それよりも、感情的にならずに淡々と指導する、場合によっては、不適切行動をまったく無視してしまうといった対応が必要になります。自分がしたことに対し

て相手から望むような反応が得られなければ、そういう行動はなくなるはずです。

> **性的な言葉を連発するコウスケくん**
>
> コウスケくんは、特別支援学校に通う高校1年生です。中度の知的障害があり、簡単な言葉のやりとりはできる程度です。小さいころから、首をひねる運動チックや、喉を鳴らす音声チックが時々見られています。
> コウスケくんは、家でも学校でもところかまわず「オッパイ！」「オナニー！」と大声で連発するので、みんな困っています。しかし、だからといってそのたびにまわりが騒ぐと、コウスケくんはますます調子に乗って「オナニー！」を連呼してしまうので、みんな無視するようにしました。それでこういう発言は少し減ったものの、一人で「オッパイオッパイ……」とつぶやいてニヤニヤしていたりします。

ヨウヘイくん同様、コウスケくんが「オッパイ！」を連呼して周囲を騒がせるのも、彼なりの関わり方になっています。でもそれだけでなく、思春期を迎えた年ごろの子どもにとって、性的な興味を引く言葉は、それだけでも魅力的なものです。小学校高学年くらいの男子が、「ケツ」とか「チンコ」とか言って喜んでいるのは、よくある光景です。コウスケくんは知的障害があるので、精神年齢としてはちょうど小学校高学年くらいに相当するわけです。

なお、運動チックと音声チックが慢性的に持続するトゥレット障害では、汚言症が見られることがあります。汚言症というのは、本人の意志とは無関係に卑猥な言葉を発してしまうというチック症状です。コウスケくんはトゥレット障害もありますが、彼の性的発言は明らかに意図的なものなので、チック症状ではないでしょう。（チックとトゥレット障害については、第2章の「自閉症スペクトラム障害の特性」をお読みください。）

### 性的な絵を描くタケマサくん

　小学校4年生のタケマサくんは、落ち着きのなさやマイペースさが目立ちます。そのため、学校でいろいろとトラブルがあり、お医者さんの診察を受けることになりました。知能検査の結果では、知能の遅れはありませんでした。
　この診察のとき、お医者さんはタケマサくんに、検査のひとつとして人の絵を描いてもらいました。するとタケマサくんはすぐに鉛筆を手に取り、頭と胴体になる円をササッと描いて、手足になる棒を4本つけ加えました。その後、胸のあたりに小さな二重丸をふたつと2本の脚のあいだに短くて長細い物をくっつけました。そして、「できたー！　オッパイとチンチン！」とうれしそうに言ってケラケラ笑いました。

　タケマサくんがしたことは、コウスケくんと同じで、ただその表現が、言葉か描画かの違いがあるだけですね。ただ、コウスケくんと違って、タケマサくんはお医者さんとの関わりを求めているわけではなく、一人でおもしろがっているだけのようです。初対面のお医者さんに対しても遠慮や恥じらいがまったくないところは、タケマサくんの社会性の幼さをうかがわせます。（なお、タケマサくんはただ単にふざけているだけですが、子どもが性的な絵を描く場合、性的虐待が疑われることもあります。その場合、もちろん、絵だけで性的虐待の有無を判断するわけではなく、子どもの普段の行動や、生活状況全般を精査する必要があります。性的虐待については、第5章の「3．性的虐待」をお読みください。）

### 小さい子を連れ回すユウキくん

　14歳のユウキくんの知的障害は軽度です。地元の中学校の特別支援学級に在籍する中学生です。ユウキくんは以前から外遊びが大好きで、家に帰る時間が遅くなってお母さんに怒られることがよくありました。
　そんなユウキくんは、中学生になったころから、近所の小さな子に声を

> かけるようになりました。相手は、男の子のことも女の子のこともありました。普段は公園などで一緒に遊ぶだけですが、時には、少し離れたところまで一緒に行くことがありました。その様子を目撃した近所の方がお母さんに知らせてくれるのですが、いくらお母さんに注意されてもユウキくんの行動はなかなか改まりません。とにかく一緒に遊びたいだけのようで、それ以上の問題はないのですが……。

　男の子にも女の子にも声をかけるユウキくんに性的な目的はないのかもしれません。ただ単に、小さい子に興味があるだけなのでしょう。自閉症児が同年代と友人関係を築くのが難しいので、年下に目を向けることはよくあります。しかし、中学生が小さい子を連れ回すのは明らかに問題です。ユウキくんにはそういう状況判断ができないのです。たとえ悪意はなくても、その行動がどういう意味をもつかはだれかが伝える必要があります。

　ユウキくんの場合、保護者や主治医に繰り返し注意されつづけ、その後数年のうちにこういうことはしなくなりました。

## 1－2．感覚特性やこだわりが関連する場合

### 女子トイレに入るカイトくん

> 　カイトくんの知能レベルは、平均より少し低いくらいで、特別支援学級に在籍している中学2年生です。もともとこだわりが強く、何かが気になると他のことが目に入らなくなるタイプです。ある日警察から突然連絡を受けたお母さんは、びっくりしてしまいました。カイトくんが女子トイレに入ったところを目撃され、警察に通報されたというのです。急いでお母さんが警察に行ってみると、いつもより元気のないカイトくんが、警官に連れられて出てきました。さんざん注意されたようです。聞けば、クラブ活動で訪れていたスイミングプールでの出来事だったそうです。女性がトイレに入って個室の戸を閉めるのを確認してから忍び込み、個室の下の隙

間からのぞき込んでいたとのこと。カイトくん自身は最初「（他の人に）命令された」と言ってごまかそうとしましたが、結局、「イライラしたので入った」と説明し、もうしない、と約束しました。

ところがその数カ月後、今度は学校の女子トイレにまた入ったことが発覚しました。このときは、「女の人が（排尿）してるところを見たかった」とカイトくんは話しました。両親や学校の先生は、これは犯罪であることを改めて説明し、女子トイレに入りたくなったら①だれかに相談する、②その気持ちをメモに書く、③好きなゲームのことを考える、といった対処法を指導しました。また、家庭では、性犯罪のニュースがテレビで報道されるたびに、そのことをカイトくんと話し合いました。定期的に受診していた病院の主治医も、受診のたびに女子トイレの件をカイトくんにリマインドしつづけました。

こうした周囲の努力にもかかわらず、しばらくしてまた、カイトくんは外出先のお店の女子トイレに侵入してしまいました。そのため、残念ながら、一人での外出は禁止ということになってしまいました。

## 女子をトイレに連れ込もうとしたヒロシくん

ヒロシくんは、特別支援学校高等部の3年生で、知的障害は軽度です。小さいころから落ち着きがなく、多動症を治す薬をのんでいた時期もありましたが、今は安定剤をのんでいます。

ヒロシくんはおとなしい性格で、普段はとくに人を困らせるようなことをしないので、警察から連絡を受けた両親は、びっくり仰天してしまいました。一人で買い物に行ったホームセンターで、小さな女の子を男子トイレに連れ込んだところを見つかったのです。両親が警察に飛んでいくと、そこにはすっかりしょげ返ったヒロシくんがいました。聞くと、女の子の「あそこ」がどうなっているか見たくて、我慢できなかったのだそうです。ヒロシくんの障害を知った女の子の保護者が被害届を出さなかったので、今回は立件されませんでしたが、おまわりさんから厳しく注意され、家に帰ったあとも両親にさんざんお説教されました。

その後も家庭で、両親が折に触れて、同じことを繰り返さないようヒロ

> シくんに釘を刺しつづけました。外出時に女の子が目に入るとちょっと気にするそぶりは見せますが、その後同様の行為には至っていません。

　以上 2 ケースのように、思春期に高まる性への興味に加え、こだわりの強さや衝動性の高さがある場合、「○○をしたい」「○○を見たい」といった気持ちを我慢できなくなってしまうことがあります。そうなると、カイトくんやヒロシくんのように、物事の善悪が一応わかっていても、自分で自分を抑えきれなくなるのです。こういうケースへの対処は、非常に難しいことがしばしばです。結局は、見守りを強化するとか行動制限をすることになってしまうことも少なくありません。また、衝動性を抑える薬（メチルフェニデートなど）が、こういった行動のコントロールに有効だったケースもありました。でもそういう場合も、子ども本人が自分を律することができるような指導が必要であることは言うまでもありません。社会のルールとして、自分がとった行動がなぜいけないのか、それがどういう結果に結びついてしまうか（おまわりさんに逮捕されるなど）を根気強く伝えねばなりません。
　ただ、表面上の行動は似ていても、まったく異なる理由からその行動に至ることがあります。

### 女子トイレに入るリクくん

　小学 5 年生のリクくんは、高機能自閉症で知的障害はありません。真面目な性格で、学校の先生に言われたことなどはきちんとしようとします。
　ですから、リクくんが学校の女子トイレに侵入して大騒ぎになったときは、みんな驚きました。リクくんが女子トイレの入口近くに身を潜めていて、トイレに入ろうとした女子が驚いて悲鳴を上げたのです。でも、リクくんのほうも同じように驚いて、固まってしまい、駆けつけた先生に事情を聞かれても何も話せない状態でした。
　先生は、リクくんを静かな別室に連れていって、落ち着いてから話を聞いてくれました。リクくんが言うには、トカゲを退治しようと思ったとい

> うのです。実は3年生のころ、女子トイレに出たトカゲをリクくんが勇敢にも捕獲して、みんなに感謝されたことがありました。先生も褒めてくれました。そして最近、女子トイレにまたトカゲが出没したという話を女子がしているのを聞いたリクくんは、またトカゲを捕まえてみんなの役に立ちたいと思ったのでした。そのために女子トイレに身を潜めてトカゲの出現を待っていたところ、このような騒ぎになったのでした。先生は、リクくんの気持ちをしっかり聞いたうえで、もうこの年で女子トイレに入ってはいけないということを説明しました。

　女子トイレに侵入したリクくんに、性的な動機はまったくありませんでした。むしろ人の役に立ちたいと思っていたわけです。ここには、リクくんの社会性の未熟さに起因する状況判断の誤りがありました。3年生のときには女子トイレに入っても何も言われませんでしたが、5年生となるとさすがにそれはまずいということに気づけなかったのです。（ただこの場合、とくに彼の自閉症特性を考えると、3年生のときにもそういう指導があるべきだったのではないかと思いますが。）
　性に対する興味が高まると、異性その人だけでなく、興味の対象となる相手と関連が深い物事にも魅力を感じるようになります。なんでもないものが、そのもの以上の別な価値のあるものであるかのように感じられ、相手の肢体の一部分のように扱われることを、精神医学の専門用語で「フェティシズム」と呼びます。最近よく、「私って、○○フェチなの」という具合に、自分が何かに夢中になっていることを表現する、その「フェチ」の語源です。この心理はだれでも経験するものですが、それが過度になるといわゆる性倒錯（とうさく）の一種となります。次のケースは、これと似ているようで、ちょっと違います。

### 幼なじみに好みのスカートをはかせたいヨシアキくん

　軽度知的障害のある16歳のヨシアキくんは、何かとこだわりが強く、換気扇の種類など、他の人が興味を持たないようなことに強く惹かれる傾向

がありました。

　ヨシアキくんには、近所に幼なじみがいます。2歳年下の女の子なのですが、ここ数年、ヨシアキくんは彼女のスカートに妙にこだわるようになりました。とくに、あるチェック柄のスカートに執着していて、それをはくよう強要するのです。幼なじみの子もおしゃれに興味をもつ年ごろで、もちろん自分がはきたいスカートにしたいのですが、ヨシアキくんがあまりにしつこく言うので、困ってしまっています。ヨシアキくんは要求が通らないとひどく怒ったりするので、双方の両親も手を焼いて彼女を説得し、彼女が渋々ヨシアキくんの言うとおりにすることが多くなっています。そういうときヨシアキくんは、希望どおりの格好をしてくれた彼女をまじまじと眺めて、満足そうな表情を浮かべるのでした。

　女の子の服装、とくにスカートに執着している部分だけに注目すると、これは異性への興味の目覚めのように見えるかもしれませんが、小さいころから物に執着するヨシアキくんの自閉症特性を考えると、これはむしろ、自閉症的こだわりと考えたほうがよいでしょう。現に、その他の性的な興味関心はとくになさそうですし、対象もこの幼なじみの女の子限定です。（他の女子のスカートにも興味はあるのかもしれませんが、要求できるのは彼女だけなのでしょう。）

　ただ、こういうヨシアキくんの要求に対して周囲が折れてしまうのは、本当は好ましくありません。周囲がヨシアキくんの思いどおりに動いてしまうと、要求がますますエスカレートするからです。

### 子どもタレントにあこがれるシュウジくん

　シュウジくんには中度知的障害があり、また、自閉症的なこだわりもとても強いタイプなので、小さいころから両親はいろんな難問を乗り越えてきました。なんとか高校1年生にまでなって特別支援学校での生活も安定してきたところです。
　アニメが好きなシュウジくんは、アニメに出てくるかわいい女の子に執

着することは今までにもよくありました。しかし最近のシュウジくんは、あるCMに出てくるかわいい子役の女の子がお気に入りになったのです。パソコンが得意なシュウジくんはすぐインターネットで調べて、そのCM以外では見かけないその子役がだれなのかもわかってしまいました。そして、その子の名前をやたらと連発するようになったのです。「〇〇ちゃん好き」「〇〇ちゃんに会いたい」とか言っているうちはまだよかったのですが、ちょっとエスカレートして、自分が何か失敗したり悪さをして怒られたりしたときに、「〇〇ちゃんが〇〇しろって言った」などと言うようになりました。空想と現実の区別がつかなくなったのかと両親は心配しましたが、幸いそれ以上エスカレートすることはなく、最近は以前ほどその子の名前を口にしなくなってきました。

タレントやアイドルが好きなだけならなんの問題もないのですが、それが度を越して生活に影響するようになると話は別です。シュウジくんの場合、どこまで「性的な」気持ちに突き動かされていたのかわかりませんが、少なくとも、現実生活で少女に接近するようなことはありませんでした。思春期の異性に対する好奇心と、自閉症的な執着とが相まって生じたものだったのでしょう。

### 幼女が好きと言うユタカくん

　知的な問題はないけれどもこだわりがとても強いユタカくんは、通信制高校3年生です。アニメとパソコンが大好きで、とくにパソコンについては大人顔負けの知識をもっています。
　友達づきあい自体があまりないユタカくんは、異性交際の経験はありません。でも、異性への興味はあるのです。ただお母さんが心配なのは、ユタカくんが「僕はロリコン。小さい女の子が好き」と、はばからず口にすることです。幸い家族以外にはそういうことを言ったりはしないようですが、お母さんは、いつかユタカくんが何かしでかすのではないかと気が気ではありません。でも今のところは、実際に何かの行動を起こしたことはありません。

ユタカくんのこだわりの強さを考えると、今後は心配です。今のうちから、こういう発言が人にどう解釈されるか、実際に幼女に接近するとどうなるか、といったことを伝えておく必要があるでしょう。また、パソコンが得意なユタカくんのことですから、児童ポルノも心配です。これも、事が起こってからでは遅いので、ぜひとも話し合っておきたいことです。

## 1-3. 支援者の姿勢

> **心配しすぎ？のお母さんとシュウコさん**
>
> 　公立中学校に通うシュウコさんは、もうすぐ中学3年生。小さいころからかんしゃくがひどくて、小学生のときにアスペルガー症候群と診断されています。でも、かんしゃくを起こしていないときのシュウコさんはとても穏やかです。知的な問題はなく、勉強がとてもよくできるので、高校は進学校を受験して志望大学に行きたいと思っています。
>
> 　最近、もう年ごろのシュウコさんの周囲では、だれそれには彼氏ができたようだとか、そんな話がしきりと持ち上がるようになっています。そんななか、友達の一人が、ある男子がシュウコさんにお似合いじゃないかと話したのです。それまでシュウコさんはその男子のことはたいして気にもしていなかったのですが、それを聞いてその気になり、すっかり舞い上がってしまいました。
>
> 　家に帰って、シュウコさんはさっそくその話をお母さんにしました。友達に言われたことをそのまま伝えただけで、別にまだその男子と交際したいとかそういう話ではなかったのですが、シュウコさんの舞い上がりように心配になったお母さんは、相手の男子がどんな子かよく確かめなさいという話をして、釘を刺しました。するとシュウコさんは、今度は、「高校に行ったら彼氏ができるかな〜」と言いはじめたのです。それを聞いたお母さんは、「あんたは、高校で勉強に専念するんでしょ？　彼氏とかどうとか、今から言ってちゃダメでしょ！」ときつく言ってしまいました。ここでシ

> ュウコさんは、ひさしぶりにかんしゃくを大爆発させてしまったのです。

　年齢的にも環境的にも、異性に興味を持ちはじめてなんの不思議もありません。今までは気になっていなくても、異性として見るようになると途端に見方が変わるっていうこと、ありますよね？　シュウコさんはそういう状況だったと思います。だから、お母さんもそんなに目くじらを立てることはなく、むしろ彼女の話に乗ってあげて、「そう、どんな人なの？」とか、「高校に行ったらきっとすてきな出会いがあるわよ」とか言ってあげてもよかったのではないかと思うのですが、どうも親としての心配のほうが、先走りしてしまったようです。

## 2．性的なエチケット

　性にまつわるエチケットにはどんなことがあるでしょうか。人前で恥ずかしい格好をしないこと、人のからだにむやみに触らないこと（ボディタッチ）、人前で恥ずかしいことを言わないことなどがまず挙げられます。自閉症の方の支援に当たっては、これは大変大切な話題です。自閉症児・者の性教育に対する保護者のニーズを調査した研究では、「社会でのマナー・エチケット」が、もっともニーズが高い項目となっていました。

　エチケットの問題がなぜ大切かというと、その理由の第一は、エチケットにまつわる問題への対応が必要となるケースが、支援の現場では非常に多いことです。そのことは、以下に紹介するケースの数でもおわかりと思います。自慰や性交などの、状況がかぎられる性的行動と異なり、エチケットというのは日常生活で24時間つねに意識されるべきものです。したがって、それが問題となる確率も高いことになります。エチケットの問題が大切な理由の第二は、犯罪との関係です。エチケット違反ですまされるのはどこまででどこからが犯罪になるかはあいまいなこともあり、あいまいさが苦手な自閉症の方にはとくにわかりにくいでしょう。

そして、第三の理由として、支援者の意識が挙げられます。支援される側が子どもであれ大人であれ、発達障害特性、とくに知的障害があると、支援する側は、実年齢よりも幼く接してしまいがちです。子ども扱いしてしまうのです。そうなると、実年齢では許容されないようなエチケット違反も見逃してしまうことがあるのです。たとえば、小学校高学年の男子が女性のからだに触れるのは通常許容範囲外と思われますが、発達障害があると、「まだまだかわいい」なんてすまされてしまうことがあります。たしかに、その男子自身に性的な意図はないかもしれません。しかし、エチケットというのはもともと周囲への配慮であるべきです。そのことを考えれば、本人中心でなく周囲中心に意識するべきものなので、ここは、可能なかぎり、実年齢相応に指導すべきと思います。この点がしばしば誤解されているように感じます。

　また、場合によっては、支援者が、いい年をした異性の障害児・者の頭を「なでなで」したりします。また、家族が障害児を実年齢以下に扱ってしまい、お風呂上がりなどに、裸で子どもの目の前に平気で現れたりするかもしれません。支援する側のエチケット違反も要注意です。

　性的なエチケットと自閉症特性とは、どう関連するでしょうか？　エチケットとかマナーとなると、当然のことながら、まずは社会性の問題が密接に関連します。そもそも常識的なエチケットを知らなかったり、知っていても無頓着だったりします。対人意識や対人関係が希薄なために、他者を見ながら適切なエチケットを見よう見まねで身につけたり、他者から指摘されてエチケット違反に気づいたり、あるいは他者から直接教えてもらってエチケットに関する知識を得るといった機会がかぎられてしまうのです。また、何かのこだわりが強い場合や、感覚特性のために特定の感覚を求めたり回避しようとしたりする傾向が顕著な場合は、そのことがエチケットよりも優先してしまうことがあります。ケースを見てみましょう。なお、ボディタッチについては別の節で取り上げます。

## 2-1. 社会コミュニケーションの問題が関連する場合

> **お母さんにお尻を見せるレイジくん**
>
> 一人っ子のレイジくんはフリースクールに通う高校1年生で、シングルマザーのお母さんと二人暮らしです。知的には平均より少し低いくらいで、やりとりも普通にできるので、一見なんの障害もないように見えます。でも、同級生と対等につきあうのは難しく、中学校は欠席しがちでした。今の学校には行けていますが、親しい友人はいないようです。
>
> レイジくんの体格はがっちりしていて、身長ももうお母さんを抜いてしまっているのですが、外見に似合わない幼さがあり、たとえば、お母さんの目の前で平気で性器やお尻を出すのです。性器を出していじるのはそれが気持ちいいからのようで、お尻を出すのは、お母さんをからかって面白がっているようです。お母さんがそれを注意するとますます面白がるので、始末に負えません。幸い、外ではこういう行為はないようです。

大人目線で考えると、お尻や性器を見せることには何か性的な意図があると感じてしまうかもしれませんが、それはそうとはかぎりません。大切なことは、一見「性的問題」に見える行動は、本当に性的な問題なのか、それとも他の観点からアプローチしたほうがよいのかを見極めることです。

自閉症をもつ子どもには、知的レベルと不釣り合いな幼さが残っていることがよくあります。これがいわゆる社会性の障害とされるところで、年齢相応の対人関係を築きにくい一因です。

レイジくんは、身体的にも精神的にも年齢相応の部分と、ぐっと幼い部分が入り混じっているようで、お母さんの前で下半身を出しても平気だったり、お母さんのリアクションを面白がったりする様子は、まるで小学生です。ずっとお母さんと二人暮らしなので、その気安さもあるのでしょうが、やはり根気強くエチケットを教えてあげる必要があります。

### 同級生の下着を下ろすダイチくん

　ダイチくんは小学3年生。通常学級在籍で、知的障害はありません。でもこだわりや多動傾向はとても強く、幼児期から両親は子育ての苦労が絶えませんでした。
　ダイチくんは友達となかよくなりたくて仕方ないのですが、どうもうまく関われません。自分のしたいことばかり主張して、相手に合わせられないのです。ダイチくんにとって、「なかよくする」というのは、「自分がしたいことを一緒にする」ということになってしまっているのです。それでだんだん友達にも遠ざけられるようになってしまいました。
　それでも友達と遊びたいダイチくんは、学校で同級生をつかまえては下着を下ろすようになってしまいました。最初は女子が相手でしたが、男子にもするようになりました。同級生のなかでも体格のいいダイチくんには、みんな力ではかなわないのです。
　当然、ダイチくんは先生に厳しく注意されました。

　これも一見性的な問題に見えますが、根本にあるのは社会性の未熟さです。年齢相応の関わり方が身についていないので、勝手なやり方で周囲の関心を惹こうとしてしまうのです。これはさすがに無視するわけにはいきません。かといって、こういう行動を禁止するだけでは不十分です。時間をかけて、適切な関わり方を一緒に考えていく必要があります。

### ミニスカートをはいて足を開いて座るイクヨさん

　イクヨさんは、小さいころは多動症（ADHD）と診断されていましたが、成長するにつれて自閉症的なマイペースさが目立ち、対人関係が難しくなってきた22歳です。とてもがんばり屋のイクヨさんは努力を重ねて専門学校を卒業し、今はちゃんと仕事もできています。ちょっと空気が読めないこともある彼女は、「天然」ということで周囲には受け入れられていて、なかよしもいます。
　イクヨさんが小さいころから相談に乗っている男性カウンセラーは、大

人になったイクヨさんが短めのスカートをはくことが多いこと、また、そういうときでも相談室のソファに深く腰かけて脚を開いていることが気になっていました。危うく下着が見えそうになって、この男性カウンセラーは目のやり場に困ってしまうのですが、イクヨさんは、そんなことに全然気がついていません。

　そこでカウンセラーは、イクヨさんには何も言わず、ときどき一緒に来談するお母さんにこのことをこっそり伝えてみました。すると、お母さんもやはり以前から気になっていたとのこと。今までも何度か注意してきたのですが、改めて話してみます、とお母さん。次回相談に訪れたイクヨさんは、スカートの上から膝かけをしてちゃんと隠していたので、カウンセラーはホッと胸をなで下ろしました。

### Tシャツであおぐカヨコさん

　26歳のカヨコさんには重度知的障害があり、イライラ止めの薬をのみながら作業所に通っています。

　カヨコさんの担当はタオルたたみなのですが、とくに夏場は、作業部屋のなかがかなり暑くなるようです。そういうときカヨコさんは、人前でも平気でTシャツをたくし上げてしまうので、胸もお腹も丸出しになってしまいます。でも、知的障害が重い彼女は言葉でのコミュニケーションがほとんどできないので、周囲の人は指導に苦労しています。絵カードなどで伝えても、暑いとどうしても我慢できないようです。今できる対策としては、作業環境をできるだけ涼しくしてあげることくらいしかありません。

　以上2ケースはいずれも、人目を気にしないマイペースさが、性的な「問題行動」につながっている例です。こういう自閉症的なマイペースさは、知的レベルとは必ずしも関係のないことがおわかりいただけると思います。もちろん、ちゃんと人目を気にすることができる自閉症の方も多いのですが。

　こういう場合、イクヨさんのようにていねいに説明すれば行動を変えられることもあるし、カヨコさんのように環境調整でしか対応できない

こともあります。しかしいずれの場合も、根本的な問題は自閉症特性であることを、周囲が理解しておくことが大切です。

なお、カヨコさんの例のように、これも自閉症特性である感覚的な問題も絡んでいることは少なくありません。次に挙げるのは、そういうケースです。

### 2-2. 感覚特性やこだわりが関連する場合

#### 女性用水着を着たがるユウスケくん

　特別支援学校高等部1年生のユウスケくんは、知的障害が重くて言葉でのやりとりはできません。こだわりが強くて、思いどおりにならないことがあるとかんしゃくを起こしてしまいます。安定剤をのんでかんしゃくは少し改善したのですが、それでも日々イライラすることが続いています。

　そんなユウスケくんは、からだにぴったり貼りつくような服を着ると、イライラしている気持ちが落ち着くようです。それで時々困るのは、妹のスクール水着を勝手に着てしまうことです。女性用水着の肌触りがちょうどよいようで、タンスのどこにしまっているかちゃんとわかっていて、いつの間にか勝手に着ているので、妹がいつも怒っています。水着姿で性器いじりをしていることもあります。でも、言葉で注意してもユウスケくんにはなかなか伝わらないので、妹の水着はユウスケくんにわからないところに置き場所を変えて、代わりに密着タイプの下着をいつでも着られるような場所に置いてみました。密着タイプの下着で満足したユウスケくんは、妹の水着を探さなくなりました。

#### 全裸で寝るマサキくん

　マサキくんは、特別支援学校に通う中学2年生です。知的障害が重く、意味のある言葉は話しません。多動傾向も目立ちます。何かと暑がりで、夏場は大量の汗をかきます。また、睡眠がなかなか安定せず、長時間自分の太ももを叩かないと寝つけなかったり、夜中目を覚ましたりします。

睡眠にまつわるマサキくんのもうひとつの問題は、寝つく前にパジャマを脱いで全裸になってしまうことでした。涼しい季節でもそうなので、暑さだけが問題ではないようでした。腰周りのパジャマのゴムのところをとくに気にしているところを見ると、どうも感覚的な問題があるようです。そこでお母さんは、いろんな生地のパジャマを試してみることにしました。あまりザラザラしていない、なめらかな肌触りのパジャマを着たときには、全裸になることが少し減りました。けれども、「だからといってシルクのパジャマはちょっと……」とお母さんは苦笑いです。

### 人前で服を脱ぐミエさん

　ミエさんの知的障害は中度で、言葉でのやりとりは限界がありますが、視覚的な情報は比較的伝わりやすいようです。小学４年生のミエさんは特別支援学級に在籍していますが、時々急に人に抱きついたりすることがありました。

　そんなミエさんは、夏になって教室が暑いと、いきなり全裸になって周囲を驚かせることがありました。この場合、極端に暑さに弱いという特性ははっきりしていたので、学校の先生たちは、冷却シートや冷却スプレーなどの、冷却グッズの使用を許可してくれました。また、絵や写真を使って、ちゃんと服を着た状態が「かっこいいファッション」なんだということを教えてくれました。その後、全裸になることは減りました。

　この３ケースのように、人前で全裸になるとか男性が女性用水着を着るとかいった行為は、性的な目的があるように誤解されがちですが、ここにも自閉症の感覚的特性が関係しています。人目を気にしない特性は知的レベルと無関係、と先に書きましたが、さすがに人前で全裸となると、重度知的障害を合併するケースが多くなります。ですから、言葉での理解が難しい分、特性と行動との関係を周囲がしっかり理解して対応することが一層重要です。

## 2-3. 支援者の姿勢

> **お母さんに入浴介助されているカズアキさん**
>
> 　中度の知的障害があるカズアキさんは、小さいころから生活習慣がなかなか身につきませんでした。お風呂に入っても一人ではちゃんと洗えないので、ずっとお母さんが一緒に入っていました。
>
> 　そんなカズアキさんも、小学校6年生ごろから第二次性徴が始まり、陰毛が生えてきました。でも、あいかわらずお母さんが一緒にお風呂に入っていますが、カズアキさんはそのことを気にとめる様子はありません。それでお母さんも、とくに問題意識はありませんでした。
>
> 　カズアキさんは、福祉サービスの手続きで診断書が必要なときだけ病院を受診していました。小学校卒業前に受診したとき、担当医から生活の様子を聞かれ、お母さんは、今でも一緒にお風呂に入って洗ってやっていると話しました。それを聞いた担当医は、介助が必要ならせめてお母さんが何かを着るようにと助言しました。お母さんはその助言に従ってジャージを着てカズアキさんを洗ってあげるようになりました。この生活は、カズアキさんが20歳になるまで続きました。今21歳のカズアキさんは一人でお風呂に入っていますが、あいかわらずちゃんと洗えないので、時々体臭が匂います。

　障害をもつ子どもが性を意識していないように見えると、周囲は「無防備」になってしまいがちのようです。とくに親子だとあまり抵抗を感じないようです。しかしここでもやはり、大人のふるまいを子どもは見ています。家族といえども節度が必要であることを、きちんと伝えたほうがよいと思います。この点について、心理学者の上手由香氏は次のように述べています。

> 　思春期には親の側にも子離れの課題があるといえるが、とくに発達障害のある子の場合は、つい親のほうが先回りをして子どもの手助けをしてしまったり、いつまでも幼児期からの親子関係を引きずりやすい。親

子関係という緊密な人間関係で、適度な心理的距離を保つというのは難しい。だからこそ、思春期の発達障害の子どもに対しては、親の側が意識的に我が子に対して年齢に応じた関わりをすることが重要となるだろう。

カズアキくんのお母さんは、担当医の助言を得て、言葉でなく態度でそのことを伝えたのでした。また、このケースの場合、小さいころから自立のための手助けがあったら、お母さんが介助する必要はなかったかもしれませんね。からだの洗い方の手順書を浴室に貼ると有効なことがあります。

## 3．ボディタッチ

性的なエチケットの問題への対応が必要となるケースは多いと先に書きましたが、そのなかでもボディタッチの問題はとくによく見られ、また、明らかな犯罪行為ともなってしまうものです。そのため、別に取り上げることにしました。

自閉症の特性をもつ方にとってボディタッチの問題を複雑にしてしまう要因のひとつが、相手のどこに触れるかによって、その許容度が変わってくることです。相手の注意を引くために背中をぽんと叩いたり、親密さを表現するために肩を組んだりするのは許されるのに、下半身や女性の胸を触るのは絶対禁止なのです。常識的には明白なこの事実が、自閉症特性のために理解しにくくなってしまうことがあるのです。また、こういう常識的なことは、定型発達の子どもはとくに教えられなくても自然に身につくので、周囲の大人も、意識して指導しようとしないのです。その結果、まわりの人を観察しながら自然に身につくようなことが、自閉症児にはいつまで経っても理解できないことになってしまいます。

そこで必要になるのは、「よいタッチ」と「悪いタッチ」との区別をできるだけ明確に伝えてあげることです。どんなタッチがよくてどんな

タッチが悪いかは状況によって異なりますが、臨機応変な判断が難しい自閉症特性をもつ方にこのことを指導するには、わかりやすい目安が必要です。たとえば、「相手の反応」や「相手との関係」がそういう目安になります。当然、相手がいやな気持ちになるのが「悪いタッチ」というわけです。ただ、自閉症特性をもつ方はとくに、相手の表情や態度などから気持ちを読みとるのが苦手です。相手がはっきりと意思表示をしてくれないかぎり気持ちを察することができないので、この目安はなかなか難しいことがあります。「相手との関係」に関しては、タッチしてよいのは、親子、きょうだい、恋人、夫婦などにかぎるのです。お医者さんの診察も「よいタッチ」に入りますが、このタッチは時として不快感や痛みを伴うので、「気持ち悪いけどよいタッチ」ということになり、ちょっとややこしくなります。親密さの表現方法について、図に示すような円を使って関係性の距離感を視覚化し、「家族や親友ならハグしてもいい、友達や親戚なら握手やハイタッチはOK、顔見知りはあいさつか手を振るだけ、知らない人には口をきかない」というルールにしてしまう手もあるでしょう。ただここにも、年齢によっては「いくら親友でも……」という例外が多いので、わかりにくいことがあります。

　目安として一番わかりやすいのは、おそらく「プライベートゾーン」を教えることではないでしょうか。プライベートゾーンとは、男女それ

図3　関係性の距離感

ぞれの水着で隠れる部分ということになります。相手がだれであれどんな状況であれ、プライベートゾーンはけっして触らない、と伝えるのです。しかしこの目安にしても、「では相手がだれでも、プライベートゾーン以外なら触っていいのか」ということになると、それはもちろん、「ノー」です。でも、絶対に許されない最低ラインを伝えるにはよい方法だと思います。

## 3 - 1. 社会コミュニケーションの問題が関連する場合

> **女性の胸を触るサチオくん**
>
> 　サチオくんには中度の知的障害があり、特別支援学校在籍の小学 5 年生です。言葉のやりとりはある程度可能です。
> 　サチオくんは、小学 3 年生ごろから、お母さんやお姉さんの胸を触ろうとすることがよくありました。最初のころは「まだ子どもだから」と家族はあまり目くじらを立てなかったのですが、そろそろ高学年になって思春期を迎えるので、ちょっと心配になってきました。いけないことを何度も伝えるのですが、わかっているのかわかっていないのか、サチオくんの行動はなかなか改まりません。
> 　そんなサチオくんは最近、自衛隊員になりたいと言うようになりました。自衛隊員の活躍をテレビで見たのがきっかけになったようです。そこでお母さんははたと思いつき、サチオくんに「女の人の胸を触るような人は自衛隊員になれません」と言いました。それ以後、サチオくんは胸を触らなくなりました。

　第 1 章の「5．ケース」で登場したノリユキくんとハナさん同様、効果的な声かけで行動を変えることができたケースです。このように、ただ単に社会のルールを説明するだけでなく、その行動の「結果」や、そのルールの理由を示すことで伝わりやすくなることがあります。

### 抱きつくくせのあるタイシくん

　軽度知的障害のあるタイシくんは、今は小学6年生ですが、低学年のころから、友達や弟にやたらと抱きつくくせがありました。タイシくんなりの愛情表現のようなのですが、相手がいやがっていてもおかまいなしなのが問題でした。「好き」と言葉で伝えるように指導しても、「そんなの、恥ずかしい」と言います。また、何かで不安になったときに抱きつきが増える傾向もあるようでした。そこで、抱きつかれた相手ができるだけ大げさに反応しないよう指導し、同時に、気持ちが落ち着く薬をタイシくんにのませてあげました。すると、タイシくんの抱きつきはだんだん減っていきました。

　タイシくんの抱きつきもボディタッチの問題です。エチケットとして適切なボディタッチと不適切なボディタッチを教えてあげるだけで有効なこともありますが、それで不十分であれば、周囲の対応に工夫が必要になります。タイシくんのように薬がある程度有効なケースもあるかもしれません。

### お母さんにベタベタするリョウくん

　こだわりが強いリョウくんは、特別支援学級在籍の中学3年生で、知的障害は軽度です。小さいころから、人でも物でも何か気になることがあると、ずっとそのことばかりしゃべったりする傾向がありました。
　背が高いリョウくんは、今もお母さんの身長を抜かしています。声変わりもしていて見た目は立派な大人なのですが、いまだにお母さんにくっつきたがります。外出時など、手をつなぐことはさすがにありませんが、ぴったりお母さんの横について歩いたり、何かとお母さんに触りたがったりします。お母さんはそのたびに「セクハラだ！」とか言いながらリョウくんから離れたりリョウくんの手を振り払ったりするのですが、リョウくんはニヤニヤするだけで、まったく意に介していません。人目も全然気にならないようです。通っている病院の主治医にも注意されるのですが、な

かなか改まりません。

　リョウくんの場合は、幼さというか社会性の未熟さが原因のようです。人目を気にしないマイペースさも一役買っています。年齢相応のふるまいを指導すると同時に、触られた人がいかに不快に感じるかもきちんと伝える必要があります。そのためには、触られた人が真剣にいやがったり怒ったりすることが大切です。相手の感情を察知することが時として苦手な自閉症児・者には、中途半端なリアクションは伝わりません。

### 幼女を誘って触るソウキくん

　中学1年生のソウキくんは、知的障害も自閉症傾向も軽度です。特別支援学級に在籍していて学校生活はとくに問題ないのですが、放課後にトラブルが起きました。
　近所に住む小学校低学年の女の子に声をかけて一緒に公園に行き、人目につかない場所で下着を脱がせてからだを触っていたのです。口止めされた女の子は最初だれにも言いませんでしたが、こういうことが何回か続いたあと、お母さんに打ち明けました。それで学校も知るところとなり、連絡を受けたソウキくんのお母さんはかなりのショックを受けました。
　当然のことながら、ソウキくんは家でも学校でも、相当厳しく指導されました。これは犯罪になる、と聞いたソウキくんは、そのことがよくわかって反省したようでした。その後しばらくは、ソウキくんが同じような行為をすることはありませんでした。
　ところがその数年後、特別支援学校高等部3年生になって卒業を間近に控えたソウキくんが、同じマンションの女子小学生に「あそこ見せろや」などと声をかけたのです。すっかり油断していた周囲の人たちは、びっくりしてしまいました。ソウキくんはふたたび厳しく指導され、その後は、家族や作業所指導員が、定期的に「知らない女の子に声をかけないこと」とソウキくんにリマインドしつづけました。

　異性への興味を抑えられなかったことと、常識的な状況判断の難しさ

とが重なった結果だったのでしょう。性的問題行動への対処はなかなか難しいことも多く、一度の指導で解決することもありますが、何度も繰り返してしまうこともめずらしくありません。

### 男子どうしのボディタッチ

　ミツオくんは、特別支援学級在籍の小学6年生です。知的障害は軽度です。3学期になってもうすぐ卒業というある日、同級生にいやなことをされたとミツオくんが言うので、両親はびっくりしました。特別仲がよかったわけでもないその同級生はちょっとやんちゃで、多動傾向がある男子でした。その子がミツオくんを公園のトイレに連れ込んでパンツを脱がせ、性器を触ったというのです。ミツオくんにとってはその同級生がちょっとおっかないので、逆らえなかったようです。

　このことはすぐに学校も知るところとなり、学校から被害届を出すよう勧められましたが、ミツオくんのお母さんは出しませんでした。

　その後は、お互いに関わらないよう指導され、同様のトラブルには至っていません。

### 兄弟間のボディタッチ

　イチロウくんとジロウくんの兄弟は、それぞれ中学1年生と小学5年生です。イチロウくんは中度の知的障害があって特別支援学校在籍、ジロウくんは軽度の知的障害があって特別支援学級在籍です。知的レベルの差もあって、どちらかというとジロウくんのほうが兄弟間では主導権をもっている感じです。

　以前から、ジロウくんがお兄ちゃんのイチロウくんに対してちょっかいをかけてふざけることがよくありました。最近、ジロウくんがイチロウくんのおちんちんを触ることがよくあります。イチロウくんはとくにいやがることもなく、されるままです。お母さんが注意するのですが、ジロウくんはなかなかやめません。

　でも、半年くらい経つと、ジロウくんはお兄ちゃんのおちんちんを触ら

なくなりました。どうやら、一時的なマイブームだったようです。

　ボディタッチの問題は、異性間にかぎらないのはもちろんです。同性どうしであっても、家族どうしであっても、プライベートゾーンを尊重し合わなければいけないのは同様です。

### 性器を触らせるヒュウガくんと触らされたノリコさん

　ヒュウガくんとノリコさんは、同じ中学校の特別支援学級に在籍していたことがあり、ヒュウガくんが1学年上でした。どちらも、軽度の知的障害があります。とくに普段からなかよくしていたわけでもないですが、先輩のヒュウガくんがノリコさんの面倒を見ることが多かったようです。

　ヒュウガくんが特別支援学校高等部に入学した年、ノリコさんは中学3年生になりました。ちょうどその2学期に事件は起こってしまいました。下校時にたまたま出会った2人は、話をしながら一緒に帰りました。ヒュウガくんが「おもしろい物があるから」と言ってノリコさんを誘い、下校途中の公園にあるトイレの障害者用の個室に2人で入りました。そしてヒュウガくんがノリコさんの服の下から手を入れてからだを触ったり、自分の性器を出してノリコさんに触らせたりしました。ノリコさんはちょっとびっくりしていましたが、とくに抵抗することもなく言いなりになっていました。30分ほどしてから2人はトイレから出て、なにごともなかったかのようにそれぞれ帰宅しました。

　ところが、帰宅したノリコさんがこのことをお母さんに話して、事件はすぐに発覚しました。ノリコさんから連絡を受けた学校の先生は、ただちにヒュウガくんのお母さんにも知らせました。お母さんから厳しく尋ねられたヒュウガくんは、最初こそとぼけていましたが、最後には自分がしたことを認めました。ノリコさんのほうは、いやだったとは言うものの、ことの重大さがあまりわかっていないようでした。

　ヒュウガくんは、こども家庭センターでカウンセリングを受けることになりました。

　これはもちろん、単なるボディタッチの域を超えた、悪質な行為にな

ります。ヒュウガくんに指導が必要であることは言うまでもありませんが、ノリコさんにも、どういう状況でどうやって断るかを教えてあげる必要があります。また、今回は幸いお母さんに報告できましたが、今後もし同様のことが起こったらだれにどのように報告するべきかについても確認が必要でしょう。

### 女子に触られたアヤトくん

　アヤトくんは、特別支援学校の高校1年生です。知的障害は中度で、簡単なやりとりはできます。とても真面目なアヤトくんは、事件が起きるまで学校生活で問題はありませんでした。

　事件というのは、同じ学校の高校2年生の女子が、アヤトくんに痴漢行為をはたらいたのです。放課後、人影少ない校舎の陰でたまたまばったり顔を合わせたとき、すれ違いざまに、女子がアヤトくんの股間をギュッと握ったのです。驚いたアヤトくんは大声を出したのですが、女子はすぐに立ち去ってしまいました。

　アヤトくんはもちろん先生にただちに報告しましたが、相手の女子は何を聞かれても知らぬ存ぜぬで平行線でした。目撃者がいないので、先生たちも判断に苦しみました。

　結局、事の真偽ははっきりしないままでしたが、学校では、両者が接触しないように配慮してくれています。しかしアヤトくんは、また被害に遭うのではないかと、不安いっぱいの毎日です。

　言うまでもありませんが、加害者はいつも男子、被害者はいつも女子、というわけではありません。私たちは、自分ではそう思っていなくても、ステレオタイプ（先入観）に支配されていることがあるので、要注意です。

## 3-2. 感覚特性やこだわりが関連する場合

### お母さんにベタベタしたりお父さんの筋肉を触ったりするマサくん

　マサくんは中度知的障害があり、特別支援学校に通っています。少し多動傾向があります。マサくんは小さいころからお母さんが大好きなのですが、中学3年生になった今もお母さんと一緒に寝たがり、お母さんの二の腕をさすりながら眠りにつくのが習慣になっています。しかし、いつもお母さんがマサくんと同じタイミングで寝られるわけではないし、この年齢になってお母さんと一緒に寝るのはいくらなんでも……というわけで、一人で寝るよう話すのですが、マサくんは、お母さんと一緒でないと寝られないと言い張ります。お母さんの腕が気持ちいいと言うのです。そういえばマサくんは、寝る前だけでなく日中もお母さんを触りたがることもあるし、お父さんの二の腕を触りたがることもありました。そこでお母さんは、大人の二の腕と同じような感触のクッションやぬいぐるみなどを探して、マサくんが寝るときに触れるようにしてみました。でも残念ながら、いろいろ試してみたのですが、お母さんに代わるものはまだ見つかっていません。

　こういうケースは、性的な問題というより、やはり自閉症特性としての感覚的な問題です。ですから、気持ちが落ち着くような感覚刺激が得られればそれだけで解決することもあります。ただ、それだけではすまされず、いつまでもお母さんに甘えたいという幼いころの気持ちを引きずっている場合もあるでしょう。寝るときだけでなく、日常生活全般において、少しずつ自立を促すしかないと思います。

### 女性の胸を触るショウジロウくん

　ショウジロウくんは中度の知的障害があり、小学校から特別支援学校に行っています。とてもこだわりの強いショウジロウくんは、いろんなものに次々とこだわる「マイブーム」が交替する傾向がありました。

小学校入学当初から、そんなショウジロウくんのこだわりのひとつが、女性へのボディタッチでした。小さいころは、相手が大人でも子どもでも、スカートを触ったり、からだに触ったりしていました。女子トイレやプールの女子更衣室を覗こうとしたこともありました。それで、不適切な行動についてはさんざん指導を受けていましたが、残念ながらなかなか改まりません。時々マイブームが変わって女性への興味がやや下火になったように見える時期もはさみながら、こういう行動はずっと続きました。
　今高等部3年生になったショウジロウくんはあいかわらずです。とうとう、通りすがりの見知らぬ女性の胸に触って警察に通報されてしまいました。障害があるということで事件にはなりませんでしたが、ここまでおおごとになっても、ショウジロウくんはケロッとしています。

　小さいころからの性ガイダンスが大切ですが、それで将来の問題が必ず予防できるわけでもないのが残念なところです。それでも、いろいろな指導法を試しながら辛抱強く続けることは重要です。
　ショウジロウくんの場合は小さいころからマイブームが周期的に見られているパターンですが、周期的に性欲が高まるケースでは、双極性障害にも注意が必要です。双極性障害とは、極度に活動性の高い躁状態と、活動性が低下するうつ状態を繰り返す精神疾患で、躁うつ病とも呼ばれます。

## 3-3. 病的な場合

### お姉さんに性器を押しつけるユウくん

　ユウくんは、特別支援学級に在籍する小学4年生です。知的障害はありませんが、自閉症的なこだわりが非常に強く、自分がこうと思ったら何を言われても曲げることがありません。そのため、両親は、ユウくんが小さいときから子育てに大変苦労してきました。
　そんなユウくんは、小学3年生になったころから、5つ年上のお姉さん

に異常に執着するようになってきました。最初はお姉さんに抱きつきたがるだけだったのですが、そのうち、お姉さんの胸や下半身を触ろうとするようになり、お姉さんが拒否すると、とんでもないかんしゃくを起こして暴れつづけるのです。最近はそれ以外にも、なんでも自分の思いどおりでないと気がすまない頑固さが今まで以上になり、学校も行かなくなってしまいました。

　両親は、ユウくんのことをずっと児童精神科医に相談していたのですが、どういう対応をしてもユウくんの行動は改善しませんでした。そして、ユウくんが自分の性器をお姉さんに押しつけてきたり、お姉さんに性器を触らせたりするようになったとき、もう限界だと感じた両親は、ユウくんに入院治療を受けさせることを決意しました。児童精神科医は、両親の話を聞いたあと、ユウくんと直接話して、入院を勧めました。意外なことに、ユウくんはその勧めをあっさり受け入れたのでした。

　これは明らかに病的なケースです。自閉症のこだわりがあるにしても、自分の姉に対してこういう行動をすること自体尋常ではありませんし、ユウくんの年齢を考えれば、その異常さはだれの目にも明らかです。ユウくんの身体や精神に、自閉症以外になんらかの病気が発生していた可能性もあります。そうなると、ちょっとした対応の工夫で改善する問題ではなくなってきます。「性的問題行動」のなかには、こういう重症のケースもありうるということをお示しするために、ユウくんを紹介しました。

## 3－4．支援者の姿勢

### 先生にハグをされたミユキさん

　タナカ先生は、今年赴任した小学校の特別支援学級の男性担任です。そのクラスに、自閉症と中度知的障害のミユキさんがいました。今６年生のミユキさんは、小さいころから爪を嚙むくせがありました。お母さんによ

ると、ミユキさんは手の爪ばかりでなくて足の爪も嚙んでしまうので、今まで爪を切る必要がなかったそうです。
　いつもうつむいて爪を嚙んでいるミユキさんを見て、タナカ先生は、家族の愛情に恵まれてないのではないかと心配になりました。そこで、家族に代わってミユキさんに愛情を注いであげようと思ったタナカ先生は、毎日下校前に、彼女をハグしてあげることにしました。ミユキさんは、最初のうちこそびっくりして抵抗していましたが、いくら抵抗してもタナカ先生はハグの手を緩めないので、次第に、されるがままとなっていきました。でもミユキさんの爪嚙みは続いています。

　このケースは今までと逆で、大人による自閉症児へのボディタッチです。数十年前には、自閉症の原因は親の愛情不足だという説が信じられていた時代がありました。その後その説は完全に否定されましたが、今でもこのタナカ先生のように、自閉症児のさまざまなふるまいを、親の愛情不足の表れと解釈する風潮が時に見られます。
　いずれにしても、このケースのようにハグを習慣化することには問題があります。第一に、爪嚙みの原因が親の愛情不足とはかぎらない（ほとんどの場合無関係）ので、ハグをしても効果は期待できません。第二に、こちらのほうが深刻なのですが、大人によるハグを、ミユキさんのような子どもは愛情表現とはとらえないでしょう。ミユキさんをハグするタナカ先生の意図は伝わらない一方で、人をハグするのはかまわないのだというメッセージが伝わってしまうかもしれません。そうなると今後、ミユキさんは、さまざまな場面でさまざまな理由で、周囲の人をハグするようになってしまいかねません。

### お父さんにベタベタされるリョウガくん

　リョウガくんは小さいころから落ち着きがなく、会話がなかなかかみ合わないということで小学3年生のときに自閉症スペクトラム障害と診断されました。会話がかみ合わないことがあるといっても、知的障害はなく、

普段の生活で簡単なやりとりは十分にできます。
　クリニックに何回か通って主治医の診察にも慣れたころ、「何か困ってることありますか？」という主治医の質問に対して、リョウガくんは「お父さんがベタベタするのがいやだ」と答えました。リョウガくんがゲームをしているときなどに、用もないのにお父さんが寄ってきて、いきなりなめたりチューしたりするのだそうです。リョウガくんがいやだと言っても、お母さんに注意されても、お父さんはやめる気配はありません。

　第1章の「4．性ガイダンスをだれがだれに対して行うか」のなかで、大人は子どものロールモデルになる必要があると述べました。ボディタッチについても、大人は子どもの悪い見本にならないように気をつける必要があります。

## 4．月　経

　女子の月経そのものは、発達障害の有無によって違いはありませんが、自閉症児・者は、月経前症候群（月経時期に体調や精神状態が非常に不安定になること）が定型発達児・者よりも多いとする研究報告があります。また、もともとてんかん発作がある場合、月経周期と発作再発とに関連性が認められるケースもあるようです。ここでは、月経の身体的側面でなく、心理的側面に注目します。
　初めてのことが苦手な自閉症女子にとって、月経の開始は、定型発達女子にとって以上の一大事です。自閉症支援の基本のひとつに、この先予測しうることをできるだけ予告しておくことにより、不安を和らげてあげるということがあります。これは多くの場合、とても有効な支援になります。ただし、注意すべき点があります。ひとつは、あまり早く予告してしまうと、ずっとそのことばかり気になってしまう人がいるということです。とくに、不安なことやきらいなことを早めに予告してしまうと、心配や恐怖を感じながら過ごすことになってしまいます。こうい

う場合は、予告のタイミングを慎重に決める必要があります。予告に関して注意すべきもう一点は、その内容です。簡潔すぎても詳しすぎてもダメなことがあります。たとえば、月経に関して、「血が出る」とだけしか伝えないと、なぜそうなるのか、そうなったらどうしたらいいかわからず、不安を煽(あお)るだけです。逆にあまりに詳しく伝えすぎても、消化不良を起こして混乱してしまいかねません。的確なタイミングで適量の情報を伝えることが大切です。そして、めでたく初経(初潮)を迎えたら、祝福してあげましょう。「これから毎月しんどくなる」なんてネガティブなイメージは、くれぐれも植えつけないように。

　さらに、月経の手当の指導に関しても、日ごろの自閉症支援の基礎を思い出す必要があります。しばしば、ナプキンの当て方がわからなかったり、当て方がわかっても交換のタイミングがわからなかったりします。下着のナプキン装着箇所に目印をつけて、一緒に練習しましょう。交換のタイミングが難しければ、本人の判断に任せるよりも、交換時刻を決めたり、「〇時間目のあと必ず交換する」と決めたりするほうがよいでしょう。タンポンは、交換しないまま放置しておくと感染症の原因になることがあるので、要注意です。

　念のために付け加えておきますが、とくに男性支援者は、月経時の女性の心身のつらさを軽視してしまわないように注意しましょう。また、月経というのは、女性にとって厄介なものであると同時に、女性性の証でもあり、月経に対する女性の複雑な思いは男性にはなかなか理解しづらい部分もあるということも忘れないようにしたいものです。

### 月経痛がひどいマナさん

　マナさんは、特別支援学校高等部1年生です。知的障害は重く、言葉はほぼオウム返しだけですが、「いや」「いたい」程度のコミュニケーションはできるときもあります。

　少し小柄なマナさんは、中学校2年生のときに初経を迎えました。それ

以来2年経ちますが、マナさんの月経周期はずっと不規則なうえ、月経痛がひどいようです。そういうとき、「いたい」と言えることもあるのですが、多くの場合、ただイライラしているだけなので、それを見た家族が「月経でイライラしてるのかな？」と気づきます。お医者さんに相談して、月経痛を緩和する薬をのむようになったマナさんは、少しだけ落ち着きました。

月経をはじめとする第二次性徴は、発達障害とは基本的に無関係です。月経痛も、一般女性と同じように経験されます。ただ、言語コミュニケーション手段がかぎられていると、月経痛にかぎらず痛み全般を訴えることが難しく、行動の変化として表明されることがめずらしくありません。そういうとき周囲の支援者は、行動の裏に潜む痛みや体調不良の可能性を考えてあげることが必要です。

### 月経前後に不安定になるミチさん

フリースクールに通う高校1年生のミチさんは、もともと月経周期が不規則で、月経前に情緒不安定になります。月経が始まる1週間前から、夜不眠がちとなり、些細なことでイライラしやすくなり、学校で先生相手に暴れてしまったこともあります。ミチさんは知的能力には問題ないので、自分のイライラと月経周期との関係をちゃんとわかっていて、お母さんに相談しました。すると、お母さんはミチさんを産婦人科に連れていってくれて、産婦人科のお医者さんが、月経前にイライラするのはよくあること、それを軽くする薬もあることを説明してくれました。

マナさんのケースと似ていますが、ミチさんの月経痛はそれほどでもなく、イライラが主体です。自閉症児は月経に関係なくイライラしやすいこともあるので、イライラと月経周期との関連がわかりにくいこともあります。幸いミチさんのイライラはほぼ月経前限定だったのでそのパターンがわかりやすかったのですが、はっきりしないときは、カレンダーに毎日のイライラの度合いと月経日を同時に記録すれば、よくわかる

ことがあります。これは、月経前不快気分障害と呼ばれ、加味逍遙散、当帰芍薬散などの漢方薬や、抗うつ薬が有効なことがあります。

> **月経前後に不安定になるトモミさん**
>
> 　トモミさんの知的障害は重度で、言葉でのやりとりはほとんどできません。小さいころから気に入らないことがあるとパニックを起こし、自分の頭を叩いたり壁にぶつけたりすることがよくありました。
> 　中学1年生から月経が始まったトモミさんは今中学3年生で、やっと月経周期が安定してきたところです。以前からトモミさんは情緒不安定で、比較的落ち着いている時期とパニックがなぜか多い時期があることに両親は気がついていましたが、最近になって、月経前にパニックが多くなることがわかりました。かかりつけのお医者さんに相談して、漢方薬をのむようになって少し安定してきました。

　ミチさんと同様ですが、トモミさん自身がパターンに気づくことは難しいので、周囲が注意深く観察してあげる必要があります。

> **月経の手当ができないユミコさん**
>
> 　ユミコさんは、特別支援学級在籍の中学3年生で、知的には平均より少し低いぐらいです。言葉でのやりとりはほぼ普通にできます。ただ、身のまわりのことがかなりだらしなく、お風呂に入りたがらないし、時には下着に大便がついていたりします。
> 　ちょっと大柄なユミコさんは、小学校5年生のときに初経を迎えたのですが、中学3年生になった今も、月経の手当を上手にできません。ナプキンの替えどきがわからないのか、一日じゅう交換せずにつけっぱなしのこともあります。ちゃんとナプキンを交換しても、使用済ナプキンをその辺に放置してしまうので、それを見たお父さんやお兄さんが驚きます。
> 　お母さんがいろいろと指導されるのですが、ユミコさんはそもそも気にしてないようで、なかなか改まりません。

知的な問題がないにもかかわらず、人目を気にしない特性のためにこういった問題が起こることは、比較的よくあります。手当の仕方がわからないなら教えてあげればいいのですが、ユミコさんのようなケースでは、手当の仕方がわからないわけではなく、手当しようという気持ち自体が欠けているのです。こういう場合すぐには改まらないので、周囲も気長に指導を続けるしかないでしょう。

　ただ、思春期にはよくあることですが、家族の言うことよりも、友達や先生の言うことをよく聞くことがあります。本人が信頼しているだれかから助言してもらうことは、月経の問題にかぎらず、有効なことがあります。

　なお、薬の副作用で月経不順や無月経が生じることがあります。これについては、第5章の「6．薬の影響」をお読みください。

### 月経用ナプキンを使うエイタロウくん

　幼児期に高機能自閉症と診断されたエイタロウくんは、今は公立高校2年生です。男子校に通っていて、勉強はよくできるほうです。でも、とてもマイペースで人目を気にせず行動するので、時々まわりがびっくりするようなことをすることがありました。

　人がたくさんいる場所で緊張するエイタロウくんは、しょっちゅうトイレに行きたくなる「頻尿（ひんにょう）」という症状があり、間に合わなくて少し漏らしてしまうこともありました。それで、高校に入学したころから密かに大人用のおむつをしていることが多かったのですが、ごわごわした感触がどうも気になって、他に何かいい物がないかと探していました。そこで目をつけたのが、女性の月経用ナプキンでした。テレビのコマーシャルを見て、「これだ！」と思ったそうです。

　自分で薬局に行って月経用ナプキンを買ったエイタロウくんは、女性店員の不審そうな視線には全然気がついていませんでした。それどころか、ナプキンの使い方を女性店員に尋ねて帰りました。

　翌日から月経用ナプキンをつけて登校したエイタロウくんは、その感触

> に完全に満足できました。しかし、長年の悩みが解消したと思ったのもつかの間、学校での抜き打ち持ち物検査でエイタロウくんが月経用ナプキンを持ち歩いていたことが発覚してしまい、学校じゅう大騒ぎになりました。

　ケースのタイトルを見て、月経の項でなぜ男性ケースが？　と思われたかもしれませんが、自閉症をもつ人は時に想像もしないようなことをしてしまうことがあるので、ここでご紹介しました。本章の「1．性への興味」でご紹介したリクくん同様、エイタロウくんにも性的な動機はありませんでした。でも、こういう行動を周囲がどう解釈するかは火を見るより明らかです。エイタロウくんは、自閉症特性のために、そのことはまったく気にしていませんでした。

## 5．勃起・射精

　女子の月経と比較すると、男子の勃起や射精といったことは話題にされることが少ないのではないでしょうか。でももちろん、月経に劣らず重要な問題で、指導が必要となることも少なくありません。
　精通（初めての射精）を大人に報告してくれる男子もいればしてくれない男子もいます。女子の月経と同様に、男子の精通についても、あらかじめ指導しておく必要はあるでしょうか。現在の日本では、そういう予告は多くの場合なされていないと思いますが、それで男子が非常に混乱したという例は、定型発達児でも自閉症児でもあまり聞きません。だからといって予告が不必要ということにはならないかもしれませんが、問題となることはあまりないようです。
　夢精は、睡眠中の射精です。朝起きたときに下着が汚れていることがあり、当の本人も何が起こったのかがわからず戸惑ったりします。成長過程でみられる正常な現象で、病的なものではないということを説明してあげましょう。下着が汚れた場合は、可能であれば自分で洗わせましょう。

男子の勃起の問題も、あまり取り上げられることがありません。しかし、年ごろの男子の性器は敏感で、ちょっとした刺激（性的刺激でなくても）ですぐに勃起してしまいます。そして、勃起していることが周囲に知られてしまうと非常に気まずく、時にはからかいの対象となるので、密かに悩んでいる男子は少なくないはずです。でも、自閉症男子の場合、逆に、自分の勃起が周囲に知られても平然としているかもしれません。これはこれで、ある意味エチケットの問題となります。気まずい状況で勃起してしまったら、本や上着などで隠す、できるだけ立ち上がらずに着席したままで勃起がおさまるのを待つといった対策を伝授しておきましょう。こういう問題が頻繁に起こるようなら、普段からきつめの下着をはいて、勃起があまり目立たないようにすることも必要となるでしょう。

　なお、薬の副作用で持続勃起症が生じることがあります。これについては、第5章の「6．薬の影響」をお読みください。

### お母さんの目の前で射精するトウヤくん

　特別支援学校中学部2年生のトウヤくんは、中度の知的障害があります。小学校6年生ごろから性器いじりをよくしていました。中学2年生になった今も一人でお風呂には入れないので、お母さんが服を着たまま一緒に入って洗ってあげています。そんなある日、いつものようにお母さんと一緒にお風呂にいたとき、トウヤくんは性器いじりを始めました。そして、アッという間に、射精してしまったのです。これはトウヤくんには初めての射精だったので、何が起こったのかわからないといった様子で、呆然としていました。お母さんも一瞬驚きましたがすぐに冷静さを取り戻し、病気ではないので大丈夫、とだけトウヤくんに伝えました。

　女子の月経と違って、男子の精通に関しては、性ガイダンスの形で事前に情報提供されることが少ないようです。とくにトウヤくんの場合、中度知的障害もあるため、そういう機会がありませんでした。だからと

てもびっくりしたに違いありません。でも、このお母さんのようにちゃんと教えてあげればよいのです。射精の意味をトウヤくんにわかってもらうのは時間がかかるかもしれませんが、とりあえず、病的なものではないということだけ伝えるので十分だったと思います。いつもおしっこが出るところから白い液体が出るわけですから、何か病気になったのかと勘違いする男の子もいるからです。

## 6. 自　慰

　日ごろ児童精神科医として診療を行うなかで、性的な問題として保護者から相談を受けることが多いのが、自慰です。人前で自慰をしてしまう、変なやり方で自慰をする、まだ思春期も迎えていないのに自慰（らしき行為）をする、といった相談をよく受けます。
　自慰に関して確認しておきたい点が、2点あります。
　第1点は、自慰そのものは、だれでも行う、まったく正常な行為であるということです。自慰をしないほうが、むしろ心配かもしれません。最近の欧米では、自慰を、自分のからだについてよりよく知るための手段（どこをどう刺激すればどんな感覚を味わえるかなど）、とポジティブに位置づける考え方もあるくらいです。問題となるのは、どういう状況でどのように自慰を行うか、です。ですから、ただ単に自慰を禁止するよりも、いつならしてもよいか、どこでならしてもよいかといったことを伝えることが大切です。自慰をしてもよい場所を、ふとんのなか、自分の部屋、というふうに具体的に決めるとよいでしょう。
　自慰の方法についても、性器を刺激する手などを清潔に保っておくこと、性器はデリケートな場所なので過度な刺激を与えないことなども、教えてもらわないとわからないかもしれません。場合によっては、保護者と一緒に入浴するときに、自慰の方法を教えてあげる必要もあるでしょう。この場合、同性の保護者が好ましいことはもちろんですが、それがなんらかの事情で難しければ、同性の学校教師に依頼するという手も

あります。自慰の方法を異性の保護者が教えることは、避けるべきです。

## 自慰についての話し合い

　20歳のミツルさんには軽度の知的障害があり、作業所に通っています。作業自体は真面目にするのですが、女性に関心があり、女子更衣室の近くをウロウロすることが多いので、これまで何度かトラブルになっていました。更衣室近くをうろつくだけでとくになんらかの行動に及ぶわけではないのですが、女性利用者たちがとにかく気味悪がるのです。でも、職員の辛抱強い指導の甲斐もあってか、ミツルさん自身そういう行動を控えるようになってきました。そんなある日の、男性主治医との会話です。

　　ミツル　最近は更衣室には行かないようにしてますよ。また怒られますから。
　　主治医　そうです。女子更衣室には用がないはずの男性がうろついていたら、女性たちの迷惑です。
　　ミツル　でもね、気になるんですよ。女の人が。なかで何してるのか見たい。どんな格好してるのか見たくなって。
　　主治医　性欲を強く感じるんだ。
　　ミツル　そうなんですよ。
　　主治医　自分で性欲を処理してますか？
　　ミツル　しますよ。
　　主治医　どこで？
　　ミツル　自分のふとんのなかで。
　　主治医　それならいいです。
　　ミツル　女性がいるところではしません。
　　主治医　女性でも男性でも、他の人がいるところでしてはいけません。一人のときだけにしましょう。
　　ミツル　ヤマモトさん（男性相談員）にもそう言われました。
　　主治医　ヤマモトさんにもこのことを相談してるんですね。それはとてもいいことです。
　　ミツル　こういうことをお母さんに言ったら怒られました。

第4章　さまざまな性行動について

**主治医　お母さんも含めて、女性にこういう話をしてはいけません。**

　この男性主治医とミツルさんとのあいだには十分な信頼関係ができているようで、性的なことも比較的ストレートに話題にできています。ヤマモトさんについても同様です。こういうことについて率直に話し合える人が何人かいるというのは、とても心強いことだと思います。これからも、ミツルさんが性について感じることを、自由に話し合える場があればよいですね。

　自閉症児・者の自慰と定型発達児・者の自慰とに、根本的な違いはありません。もし違いがあるとすれば、自閉症児・者は、具体的な性的刺激を必要とすることがあるという点と、感覚特性のためか独特の刺激方法を用いることがあるという点です。前者については、自閉症特性として、イマジネーションが働きにくいことがあり、性的な場面などを想像しながら自慰をするのが難しいことがあります。そのため、何か視覚的な情報などから性的刺激を得ないと、性的に興奮するのが難しいかもしれません。ただし、インターネット上の性的画像を見ながらの自慰は、習慣化してしまい、なかなかやめられなくなってしまうので、避けたほうがよいようです。

　自慰に関わる感覚特性について、多くの自閉症者にインタビューしたガーランド氏は、次のような女性の言葉を紹介しています。

　　尖った物にこすりつけて性器を傷つけることがありました。たとえば割れた陶器の破片に当てて、血が出ました。でも気にしませんでした。硬い物には興奮を覚え、それを自分のなかに挿入しました。というのは、その物がなかに入って消えていくのを見るのが好きだったのです。なぜだかはわかりません。

　自慰に関して確認しておきたい第2点は、自慰と性器いじりとは違うということです。感覚的特性のためか、それとも周囲の目をはばからない特性のためか、自閉症児・者には性器いじりが多く見られるような気

がします。性器いじりは、必ずしも性的な快感を味わおうとしているものではありません。ただ単にかゆいだけかもしれませんし、下着の感触が気になるのかもしれません。そうであれば、性器周辺の衛生状態を確認したり、あまり気にならない下着を見つけたりすることが必要になります。逆に、幼児などが下腹部を何かにこすりつけるといった場合、幼児自身が性的快楽を意識的に求めているわけではもちろんありませんが、知らず知らずのうちに自慰になっていることがあります。幼児が自慰をしたからといって、異常ではありません。乳幼児期の自慰や性器いじりは、健康で良好な親子関係の現れだと言う人もいるくらいです。

　自閉症児・者に見られる自慰にも性器いじりにも共通して言えるのは、本人が手持ちぶさたで暇なときに見られることが多いということです。これは、自慰や性器いじりにかぎらず、その他の「問題行動」に関しても当てはまります。そうであれば当然、何か他の活動に意識を向けることによって、「問題行動」を減らせることがあります。とくに、何か手を使う活動ができれば、自慰や性器いじりと両立しないことになり、より効果的です。ガーランド氏のインタビューを受けた別の女性は、小学生のころの体験を次のように回想しました。

　　ものすごく退屈になると、決まって興奮してきました。先生は前に立って、同じことを繰り返すし、私はイライラしてこの上もなく退屈でした。自慰行為をすると、そのことに熱中するので、その場からいなくなることができました。オーガズムを得ると、リラックスできました。私は緊張していたから、リラックスする必要があったのです。

　なお、過度の自慰行為が薬物によりおさまったケースもありますが、個人差があるので安易に薬に頼るのは危険です。

### 性器いじりをするジュンヤくん

　ジュンヤくんは、特別支援学級在籍の小学5年生です。自閉症的なこだ

わりは強いほうですが、知的な問題はありません。とにかくマイペースで人目を気にしないので、ところかまわずズボンに手を突っ込んで、性器いじりをしています。両親は気がつくたびに注意するのですが、ほとんど無意識に手が伸びてしまうようです。また、ジュンヤくんに聞くと、「気持ちいいから」とか「かゆいから」とか言います。

　両親は、公共の場所でのエチケットについて話し、トイレなど一人になれる場所でするのはかまわないと伝えました。その後のジュンヤくんはできるだけ気をつけるようにしていますが、それでも時々、気がつくと触っているということはよくあります。

### 性器いじりをするダイスケくん

　ダイスケくんは、アスペルガータイプの自閉症をもつ17歳です。多動傾向もあります。自分がしたいこと優先でなかなか人に合わせることができず、思いどおりにいかないことがあるとすぐイライラするので集団生活が難しく、高校はすぐに退学してしまいました。その後は気が向くときにフリースクールに行っています。今もあいかわらずマイペースで、気分次第でふるまうので、まわりの人が困ってしまうことも少なくありません。

　そういうダイスケくんの困った行動のひとつが、家で性器いじりをすることです。幸い外ではそういうことはないのですが、家では、家族がいるリビングルームでも平気で性器を露出して触っているのです。お母さんやお姉さんがいてもおかまいなしなので、みんなあきれています。ダイスケくんには知的な問題はないので、人前での性器いじりが不適切なことはわかりそうなものなのですが、何度注意されても問題意識はなく、改まりません。

### 性器いじりをするタクヤくん

　タクヤくんの知的障害は重く、言葉のやりとりはほとんどできません。特別支援学校の小学5年生ですが、もう陰毛が生えてきています。そんなタクヤくんは多動で、ジッとしていることがあまりないのですが、たまに

おとなしくしてると思うと、性器いじりをしていることが多く、射精することもあります。

お母さんは、性器いじりをしていい場所をタクヤくんに教えようとしたり、人目につかないよう毛布を使わせたりしています。また、できるだけ性器いじりを減らすために、つねに手に何か持たせたりもします。射精してしまったときは、自分で始末させます。

### 股をこすりつけるアキさん

アキさんは特別支援学級在籍の小学2年生で、知的には平均の少し下くらいです。言葉でのやりとりには困りませんが、何かとこだわりが強く、すぐにかんしゃくを起こしてしまいます。

ある日、アキさんがふとんにくるまって何やらモゾモゾ動いていることに、両親が気づきました。よく見ると、股間に手を突っ込んで、腰を前後に動かしていました。何をしているのかと尋ねると、アキさんは「運動」とだけ答えましたが、これは明らかに自慰行為のようでした。しかしとくに人目につくわけでもないので、両親はそれ以上何も言わないことにしました。

### 股間をふとんに押しつけるマサシくん

特別支援学校に通うマサシくんは、重い知的障害をもっています。言葉でのやりとりはできませんが、言われることはある程度わかることもあります。電車が大好きで、電車の本を見るとご機嫌です。

小柄なマサシくんは、股間を何かに押しつけてこするようにしていることが以前からありましたが、中学1年生になったころから、ふとんの上に全裸で寝転がって股間をふとんに押しつける自慰をするようになりました。電車の本を見ながら興奮して始めることが多く、射精はあったりなかったりします。お母さんは、マサシくんが自慰を始めそうな気配を感じたら、自分の部屋に行くように声をかけます。マサシくんはそれには従えるのですが、射精の後始末を自分でするように言っても、これはまだなかなかで

きないようです。

　以上5ケースは、通常よくある性器いじりや自慰の例です。知的レベルに関係なくよく見られます。対応の原則は、性器いじりや自慰そのものをやめさせるよりも、していい時間や場所を決めることです。アキさんのように、すでに人目につかない状況でしているなら、対応は何も必要ないでしょう。それは、性器いじりや自慰そのものに問題があるわけではなく、それをする状況が問題になるからです。タクヤくんやマサシくんのように言語コミュニケーションが難しい場合でも、視覚支援を応用して指導することはできます。

　なお、マサシくんのように、自閉症特性のある人は、少々変わった刺激で性的興奮を得ることがあるようです。アスペルガー症候群研究者のディグビィ・タンタム氏を引用します。

　　ある患者は、男性用ワイシャツが引き裂かれるのを想像すると性的に興奮すると話しました。また別の患者は、皺がなくてぴっちりしたズボンをはくと興奮しました。さらにまた別の患者は、「蠱惑（こわく）」という言葉がとても刺激的であると感じ、その言葉を何度も使った散文を書いて自分で読んで楽しんでいました。

　ここからは、少々「問題」のある自慰行為のケースです。

### トイレで自慰をしてそのまま出てくるタツヤくん

　高校2年生のタツヤくんは、軽度知的障害があって特別支援学校高等部在籍です。衝動性が高くて、腹を立てると暴力を振るったりすることがあるので、病院で薬をもらってのんでいます。

　そんなタツヤくんにも異性への興味が芽生え、好きな同級生のことを両親に話すようになりました。時として烈しく怒るタツヤくんもそんなときはちょっと恥ずかしそうにしていて、意外にかわいい一面を覗かせます。相手の子に対して何かしてしまうということもなく、密かに恋心を温めて

います。
　最近のタツヤくんは、自宅で自慰をするようになりました。ティッシュがたくさん捨ててあったり、両親が買った週刊誌のグラビアページが開いたままになっていたりするので、両親が気づいたのです。でも、見て見ぬふりをしていました。
　ところがある日、自宅のトイレから出てきたタツヤくんが下半身裸だったので、そこに居あわせたお父さんはびっくりしてしまいました。しかも、性器の先っちょから精液が垂れていたので、トイレで自慰をしていたのは明らかです。お父さんは苦笑しながら、ちゃんと拭いて下着とズボンをはいてから出てくるよう指導しました。

　お父さん、さぞかしびっくりしたでしょうね。でも、適切な自慰の仕方を教える絶好のチャンスだったとも言えるでしょう。こういうときに、変に動揺したりせず、冷静に対応できる支援者でありたいですね。（逆に、わざと大げさに驚いてみせるのも一法です。自分の行動が第三者の目にはどう映るかが伝わります。）

### ペットに下半身をなめさせるシンジくん

　シンジくんは、特別支援学級在籍の中学2年生で、知的障害は軽度です。言葉のやりとりは十分できて、水泳部でがんばっています。
　あるとき、シンジくんのお父さんは、シンジくんが、飼っているネコを自室に連れ込むことが多くなっていることに気がつきました。もともとネコが大好きなシンジくんなので最初はなんとも思わなかったのですが、長時間自室にこもることもあるので不審に思ってちょっと覗いてみると、下半身裸になったシンジくんが、ネコに性器やお尻をなめさせていました。シンジくんは、お父さんに見られたことに気がついていないようでした。
　お父さんは、どうしたものか困ってお母さんに相談しました。衛生上の問題があるのではないかと心配なのですが、ストレートに指摘してしまうのはちょっと抵抗があります。どうするのがよいでしょう？

読者のみなさんは、こういう状況でどうされるでしょうか？　放置するのは心配だし、かといってどういうふうに指導すればよいのか悩むところですね。性の問題にかぎらず、年ごろのわが子のプライバシーをどこまで尊重するべきか、子育て経験者なら一度は悩むことがあると思います。絶対正しい正解はないと思うのですが、筆者の考えをご紹介します。

　筆者であれば、ネコの件については、今は見て見ぬふりをしておき、それとは別に、清潔保持の大切さについて教えてあげると思います。たとえば、お父さんとお風呂に入ったときなどに、下半身の洗い方について話してあげることができるでしょう。これまでにもそういうことは教えてあげているかもしれませんが、中学生のシンジくんは、そろそろ陰毛も生えて性器の形状も大人のようになってくるころですから、改めてそういう話をすることはまったく不自然でないと思います。その流れで、より清潔な自慰の方法を教えてあげてもよいでしょう。指導するのはもちろんお父さんが最適と思いますが、もしなんらかの事情（シングルマザーの家庭など）でお父さんがそういう役割を果たせない場合は、お兄さんやおじさんでもよいでしょうし、学校の男性教師に相談してみてもよいかもしれません。

### 女子トイレの音を聞いて自慰をするタカヤくん

　タカヤくんは、特別支援学校高等部３年生です。知的障害は軽度ですがとてもこだわりが強く、こうと思うと絶対に曲げない頑固さがあります。人がすることがいろいろと気になってしまって、何か気に入らないことをしている人がいるとすぐに指摘してしまうので、トラブルが絶えません。

　高校３年生になったころから、タカヤくんが学校のトイレ付近をウロウロしていることが多くなりました。一見無目的に歩き回っていたり突っ立っていたりすると思うと、急に男子トイレに入っていってしばらく出てきません。タカヤくんの学校は、男子トイレと女子トイレが並んでいるので、タカヤくんがウロウロしていると女子が気味悪がるようになってしまいま

した。それで先生に何度も注意されたのですが、タカヤくんのこの行動は変わりませんでした。

ある日、例によって男子トイレにこもったタカヤくんが、「○○さん、何してるん?」とある女子の名前を大声で言ったので、大騒ぎになりました。この女子は、このとき隣の女子トイレで用を足していたのです。今回ばかりは先生に厳しく注意され、女子トイレの音を聞きながら男子トイレの個室で自慰をしていたことをタカヤくんは認めました。女子トイレを想像しながら自慰に夢中になったタカヤくんが、今回は思わず声を出してしまったようです。その後、学校でのタカヤくんへの監視の目が厳しくなり、タカヤくんは、男性職員用トイレしか使えないことになってしまいました。

男性が女子トイレ付近をウロウロしていれば、たとえ犯罪行為ではないにしても、立派な「不審者」です。「僕は何も悪いことはしてない」と言うタカヤくんは、たしかにだれにも直接迷惑はかけていませんが、不審に思われる行為や他人を不愉快にする行為は慎むべきです。自閉症特性のために、自分のふるまいを他者視点で考えることが難しくなっているのです。なお、後日のことですが、このタカヤくんは、「女の人のプライバシーについて教えてもらって、トイレが個室になっている理由がやっとわかった」と言っていたそうです。通常自然に身につく社会常識が、わかっていなかったということがうかがえます。

自慰に関して、最後に付け加えておきたいことがあります。それは、罪悪感についてです。自慰をしたくなってしまうこと、してしまうことに、罪悪感を抱く人がいます。あるいは、自分は自慰をしすぎなのではないかと密かに悩む人もいます。また、次のケースのように、自慰のやり方で悩む場合もあります。

### 自慰のやり方が間違っているのではないかと心配するカンタロウさん

20歳のカンタロウさんは、アスペルガーと診断されています。フリースクール卒業後、アルバイトをして生活しています。時々気持ちが不安定に

なることもあって、高校生のころから病院で薬をもらっています。
　そんなカンタロウさんが、ある日男性主治医に、自分の自慰のやり方はまずいのではないかと相談をもちかけました。普段カンタロウさんは、下着を脱いで大きめの枕を股にはさみ、それを左右の太ももでギュッと締めつけることによって性器を刺激して自慰をしているとのことでした。でも、そのように物を使って性器を刺激するやり方はよくない、という情報をインターネット上で見つけて不安になったのでした。なぜよくないかの理由は書いてなかったそうです。
　男性主治医に、このやり方はけっして間違いではないと言ってもらって、カンタロウさんは安心できたのでした。

　もし、こういうふうに悩んでいる人がいれば、自慰はまったく正常な行為であるということと、男女を問わず自慰の「正しいやり方」というのはないということを伝えてあげてください。個人の感じ方もまちまちですので、自分に合ったやり方を見つけたらよいのです。ただ、健康を害するようなやり方はいけません。たとえば、不衛生な手で触るとか、性器が傷つくほど刺激することは避けるべきでしょう。この例でも、カンタロウさんが男性主治医に率直に相談できているところを見ると、よい医者－患者関係ができていることがうかがわれます。自閉症特性のある人はとくに親密な人間関係をもちにくいために、性のことにかぎらず、悩みごとを打ち明けることができる人がなかなかいないものです。ですので、支援者がこういう信頼関係を築くことはとくに大切です。

## 7．性交・避妊

　自閉症や知的障害をもっていても、通常と変わらない性生活を営める人はたくさんいます。そういう人たちは、性交の仕方そのものは正式に教わらなくてもわかるようで、筆者の経験では、診療場面などで指導を要することはほぼありません。これはやはり、生物としての人間の本能だからでしょうか。ただ、ここでも自慰と同じように、どういう状況で

性交を行うかが問題となることはあり、指導が必要になります。あとでケースに見るように、プライバシーが確保される状況が必要であることは言うまでもありません。これについては詳しく述べる必要はないでしょう。

　では、障害が重く、通常の意味での性生活が、日常生活のなかであまり重要とはならない人の場合はどうでしょうか。その場合も、性交に関する知識は必要となることがあります。性暴力被害予防のためです。性交を知らなければ、自分自身が性暴力の被害者になっているということにも気づかないかもしれません。ですから、だれかに性器の結合を強制されるような状況ではっきりと拒否できるためには、その行為の意味を知っておく必要があるのです。しかし、いざそういう指導をするとなると、とくに障害が重い人に対しては、容易ではありません。でも、先述のボディタッチに関する指導さえしっかりされていてボディタッチの段階で拒否できれば、当然性交には至りません。指導する側にとってもボディタッチのほうがずっと話題にしやすいと思いますので、ここをしっかりしておきましょう。

　避妊に関する知識は、指導が必要になることがあります。まず、いわゆる「安全日」についてです。月経中は「安全」、つまり妊娠しないと思っている人が多いと思います。たしかに、本来、月経中に妊娠することはありません。しかし、ここには落とし穴があります。女性の性器出血には、月経以外にも、不正性器出血や排卵時出血などがあるのです。これら月経以外の出血を月経と勘違いして避妊をせずに性交すると、妊娠してしまいます。したがって、確実な避妊のためには、性器出血中の性交も避けるべきであり、「安全日」はないことになります。

　避妊法として、もっとも一般的で確実性が高いのが、コンドームですが、コンドームを使用しても100パーセント避妊はできません。不良品には穴が開いていることがありますし、使用法を誤れば精子が漏れ出てしまいます。コンドームの使用期限を確認すること、袋から取り出すときに傷つけないよう端から開けること、裏表をよく確認することなどが

重要です。さらに、射精に至る以前に男性器から分泌される分泌液中に精子が混入していることがあるので、射精直前ではなく、挿入時からコンドームを装着しておく必要があります。その際、男性器の根元まで覆うようにコンドームをしっかりと引き延ばします。途中までだと、女性の体内でコンドームが抜けてしまうことがあります。そして、射精後はすぐに男性器を抜かないと、挿入したまま勃起しない状態に戻ってしまい、コンドームが外れてしまいます。

コンドームの正しい使用法と並んで伝えなければならないのが、性感染症予防の重要性です。コンドームを使用することによって、一部の性感染症を予防することができるのです。いわゆる性感染症には、クラミジア、ヘルペス、淋病、エイズ（HIV感染症）などがあります。性感染症は、オーラル・セックスや同性間性交渉でも感染します。それらについての詳しい情報は、専門書に譲ります。性感染症の危険性に関しては、もちろん、自閉症児・者も定型発達児・者も変わりはありません。

以上のような理由から、コンドームの使用はぜひとも推奨したいところです。少し抵抗があるかもしれませんが、いざというときのために、女性もコンドームを携帯することが好ましいでしょう。

客観的データの裏づけがあるわけではないのですが、筆者の臨床的印象では、自閉症特性をもつ人は男女ともコンドームの使用をきらう傾向があるように感じます。感覚特性と何か関連があるのかもしれませんが、やはりコンドーム使用のメリットは理解してほしいところです。コンドームがどうしてもいやなら、他の方法で避妊するべきでしょう。

このほか、妊娠中絶やモーニングアフターピルなどについても、正しい知識を確認するとよいでしょう。とくに、妊娠中絶に伴うリスクは知っておく必要があります。

### 教室で性交するフミコさん

フリースクールに通う高校生のフミコさんには知的障害はなく、自閉症

特性も比較的軽度です。もともと気分の波が激しいことがあり、小さいころから病院で安定剤をもらっています。
　高校3年生のときフミコさんに彼氏ができました。同じフリースクールの同級生です。交際を始めた2人はすぐにセックスをしました。その場所はなんと、学校の空き教室だというのです。フミコさんは彼氏と会うたびにセックスをしたがり、そのことをなんとも思っていないようです。病院の診察でも、あっけらかんとそのことを話すのです。避妊について主治医から注意を受けても、あまり真剣に聞いていません。
　数カ月後に彼氏と別れたフミコさんにはすぐに次の彼氏ができて、また同じようにからだの関係をもちました。最初の彼氏もそうだったのですが、この2人目の彼氏も避妊はせず、今度は妊娠してしまいました。中絶することになってしまいましたが、その後もフミコさんは新たな彼氏をまた作っています。

　ここまで歯止めがきかないと、発達障害以外になんらかの精神疾患が合併していることも疑われます。とくに、双極性障害では性欲が亢進することがあります。
　いずれにしろ、本人の自覚が乏しいので、周囲の見守り体制を強化する必要があります。そのためには、フミコさんの生活全体を見直す必要があるでしょう。異性との交際についてのルールもいるでしょうし、フミコさんが他に楽しめるような活動を生活に取り入れることもよいでしょう。余暇を楽しむことができる活動のレパートリーが狭いと、性的な活動に目が向いてしまうことがあります。

### 避妊せずに性交するヒロコさん

　ヒロコさんは、特別支援学校高等部を卒業して作業所に通う22歳。知的障害は軽度ですが、情緒不安定になりやすいので病院に通って薬をのんでいます。
　ヒロコさんは、同じ特別支援学校の同級生と、卒業後に恋に落ちました。

通う作業所は別々ですが、お互い似た境遇なので、安心感がありました。それに、ヒロコさんの家庭は両親が不仲でちょっと不安定だったので、ヒロコさんにとって、彼氏との関係はとても満足のいくものだったようです。

でも、ひとつだけ問題がありました。セックスのとき、彼氏がコンドームを使わないのです。彼氏が、どうしても「生」でしたいと言い張るので、ヒロコさんもそれに応じていました。そして、やはりというか、ある日妊娠が判明してしまいました。両家の家族、主治医、カウンセラー、作業所の支援員も交えていろいろ検討した結果、ヒロコさんは、渋々人工妊娠中絶を選びました。中絶手術は無事終わりましたが、彼氏との関係は終わってしまいました。中絶直後はかなり抑うつ的になっていたヒロコさんは周囲の支えで立ち直りましたが、その後数年間は、中絶した日の前後には気持ちがとても不安定になりました。

### 騙されて強姦されたエリコさん

工場で軽作業をしている19歳のエリコさんは、軽度知的障害がありますが、とても明るい性格で人気者です。男性と交際した経験はありますが、知り合いからある男性を紹介されたときは、特定の彼氏はいませんでした。紹介されたと言っても、相手は10歳以上年上で、交際相手として紹介されたわけではありませんでした。どういう目的で紹介されたのかわからないまま、でも、とくにそのことを不審に思うこともなく、エリコさんはこの男性と2人きりで会いました。最初ちょっと不安でしたが、一緒に食事をすると、なかなかいい人だったので、エリコさんは安心しました。食事が終わるとこの男性は、紹介してくれた知り合いに渡してほしい物があるから、自宅まで取りに来て欲しいとエリコさんに言いました。

男性の自宅に入ると、この男性はいきなりエリコさんに抱きついてきて、服を脱がされてしまいました。何がなんだかわからなくなったエリコさんは、「セックスさせろ」という男性に対して拒否することも抵抗することもできず、結局されるがままとなってしまいました。数時間後にやっと解放されたエリコさんは、冷静になるにつれてことの重大さに気づき、すぐに家族に報告しました。

家族が警察に通報し、その後、警察で事情聴取を何回か受けました。弁

> 護士にも相談しました。いやな体験を何度も話さないといけないのはつらいことでしたが、エリコさんはがんばりました。でも残念ながら、男性の行為に対してエリコさんの同意があったとみなされ、男性が処罰されることはありませんでした。

　以上2ケースは、いずれもとても残念なケースです。第1章の「2. 性ガイダンスで何を伝えるか」で述べたとおり、性ガイダンスにおいては生物学的な性について学ぶだけでなく、対人関係における性についても学ぶ必要があり、そのなかには、被害者にならないための知識やスキルも含まれます。
　しかしここでもやはり、自閉症特性が弱点となってしまう場合があります。自閉症特性や知的障害のために対人関係で苦労する経験が積み重なってしまうと、つい相手の気を引こうとして言いなりになってしまうことがあるのです。せっかく築けた関係を維持したいという思いが強いうえに、知的障害のために咄嗟の判断能力が十分でない場合には、誤った選択をしてしまうこともあります。事前の教育、事前の情報提供がいかに大切か、痛感させられます。

## 8．恋愛・男女交際

　「夏の野の　茂みに咲ける　姫百合の　知らえぬ恋は　苦しきものぞ」。大伴坂上郎女のこんな歌が、『万葉集』に収められています。社会性や対人関係が難しいことが多い自閉症児・者にとって、『万葉集』の時代から大問題でありつづける恋愛というのは、どんな経験になるのでしょう？
　自閉症の人は他者に興味をもたない、一人でいることを好む、と思われがちですが、けっしてそんなことはありません。友達が欲しい、恋人が欲しい、と思っている自閉症児・者はたくさんいます。そうでなければ、本書の存在意義自体なくなってしまいます。（ただし、この点につい

ては第5章の「5.性に無関心？な人たち」もお読みください。）

　自閉症特性としての社会性の弱さを踏まえて指導するにあたり、いくつか重要な点があります。第一に、異性交際や恋愛は、普通の友達関係と同じく、「相互的」なものであるということを確認する必要があります。自閉症児・者の他者との関わりは、多かれ少なかれ一方的になりがちです。自分の気持ちだけで動いてしまい、相手の気持ちを考えないのです。そこで、交際開始にあたっては、「同意」が大切であることを伝えましょう。お互いの意思を確認したうえで、次のステップに進むのです。逆に、どういう場合に「ノー」と言うべきかも、あらかじめ明確にしておくとよいでしょう。

　第二に、この「ステップ」が重要になります。極端なことを言えば、初めてのデートでいきなりセックス、はバツだということです。最初はお互いの友人も交えて会っていたけれども、そのうち2人きりで会うようになり、会う時間帯も日中だけでなく夜も会うようになる、最初は一緒に歩くだけ、いずれ手をつなぐ、ハグをするようになる、会う場所も、公園やレストラン、映画館だけでなく、お互いの家を訪れるようになる……というふうに進むのが普通ですね。そう、恋愛には「順序」があるのです。しかし、どれくらいのペースでどういうふうなステップを踏んで親密さを増していくかはケースバイケース、まさに双方の駆け引きのようなところがあって、大変微妙でわかりにくいものですね。あいまいさが苦手で空気を読むのが苦手な自閉症児・者にとって、このことがどれくらい理解しがたいかはおわかりいただけるでしょう。

　臨床心理士としてスクールカウンセラーの経験が豊富な佐藤量子氏は、自閉症特性をもつ人は「相手の意図を汲みとれないし、会話も続かないので、すぐに性的関係をもつ傾向がある」としたうえで、次のようなことを伝えて指導してきたそうです。

　　1．10代で性的な関係をもつのはからだもこころも成熟していないので危険であり、20歳になってからにしよう。

2．外での性行為は衛生面からも危険である。
3．性交を求められても、1～3回はまず断ること。それで怒る人とは、その後は一切、会わない。
4．性交をするのは、最低でも10回はデートしてから。（「相手をよく知ってから」「自分を大切にしてくれる人」というのは、あやふやでわかりにくい。）
5．相手が好きなこと、家族のこと、友達の関係など、質問事項をいくつか考えて、それらをクリアする。
6．自分のことも知ってもらうために、これは伝えていいと思うことをリストアップして相手に伝えていく。

さらに女子に対しては、思春期の男子の性欲はコントロールが難しいのだから、女子が距離を取らなければならないと伝えるそうです。「20歳」「10回」というふうに、具体的な数字で区切る伝え方は、わかりやすいと思います。

こういう、恋愛の「ステップ」については、いずれもアスペルガー症候群当事者であるニューポート夫妻の著書も、とても参考になると思います。

ケースを見てみましょう。

### 恋愛に興味をもつユカさん

小学6年生のユカさんは、知的にはむしろ平均以上で勉強はよくできるのですが、身のまわりのことがなかなか一人でちゃんとできなくて、いつもお母さんをやきもきさせています。学校では、行動がいつもワンテンポ遅れるユカさんを、友達が何かとお世話してくれるようです。

そんなユカさんが最近、恋愛に興味をもちはじめたようです。恋愛小説を読んだり恋愛ドラマに釘づけになったりして、「ドキドキしてくる」なんて言います。「お母さんの初恋はいつだった？」と聞かれて、お母さんもなんて答えたらいいか困ったりします。学校で、お気に入りの男子もいるようです。

いわゆる高機能のケースでは、知的レベルと生活能力にギャップがあることがめずらしくありません。勉強はよくできるのに、常識的なことが意外にわかってないのです。ユカさんの場合も、もう恋愛に興味をもつおませさんでありながら、実際の行動がかみ合わない可能性があります。ですので、これを機会に、恋愛関係を含む対人関係のマナー（適切な距離感、知らない人への対応）などについて話し合うとよいでしょう。今後も、異性関係についても気軽に話し合えるような親子関係をもちつづけられるとよいですね。そのためにも、今お母さんやお父さんが引いてしまって、ユカさんの問いかけを封印してしまうようなことは避けたいものです。

### 男子に興味をもつアミさん

　アミさんには軽度知的障害があって、特別支援学級在籍の中学3年生です。離婚したお母さんが、シングルマザーとして一生懸命関わってくれています。

　卒業もあと数カ月となったある日、先生がアミさんのお母さんに、ちょっと意外なことを知らせてくれました。最近アミさんは、下校時に靴箱のところで特定の男子を待っていて、見かけたら声をかけているようだとのことです。数分言葉を交わすだけのようですが、どうもこの男子に好意を抱いているようでした。でも、アミさんはお母さんには何も言わないので、お母さんは知らないふりをしていました。

　ちょうどそのころ、アミさんは、メールの相手を増やしてもいいかとお母さんに尋ねました。アミさんは自分用の携帯電話を持たせてもらっていて、だれとメールするかはお母さんと相談して決める約束にしていたのです。相手はだれかと尋ねると、靴箱のところで会っている例の男子のようです。2人の関係をお母さんがそれとなく聞くと、「ただの友達」とアミさんは答えました。

携帯電話やパソコンの使用について、親子できちんとルールを決める

のは、とても大切なことです。そして、アミさんとお母さんはよい関係ができているので、アミさんはきちんとルールを守ろうとしてくれています。こういうときは、男女交際のあり方について話し合う絶好のチャンスですね。アミさんは「ただの友達」と言っていますが、それでも、男女間のマナーなどについて話し合うことはできるでしょう。

> **彼氏ができたと言うイクエさん**
>
> 　イクエさんの知的障害は軽度で、特別支援学校の中学3年生です。小さいときに専門機関で療育を受けていて、今もそこでカウンセリングを受けています。
> 　中学3年生になったばかりのころ、カウンセラーは、イクエさんに新学期の様子を尋ねました。するとイクエさんは、「彼氏ができたけど、別れました」と言うので、カウンセラーは驚いてしまいました。2カ月くらい前に会ったときは、彼氏がいるなんていう話は全然なかったのです。この2カ月のあいだに出会いと別れがあったのでしょうか？　でも、イクエさんに、どんな交際だったのかとか相手はだれなのかとか聞いても、どうも要領を得ません。ちょっと突っ込んで質問すると、すぐ「わかりません」とか「忘れました」と答えてしまうのです。
> 　このことはお母さんも知っているということだったので、イクエさんの承諾を得て、カウンセラーはあとでお母さんに尋ねました。すると、イクエさんが「彼氏ができた」と言っていたのは、好意を寄せていた同級生と一緒に下校したことだったようです。それも、イクエさんが、相手の男子が帰るころを見計らって、偶然出会ったかのようにしていたようで、お互いに約束してというわけではありませんでした。こういうことが何回か続いたけど、毎回一緒に帰ることはできず、最近は会えない日が続いているので、「別れた」ということになったようでした。

イクエさんが言うところの「彼氏ができた」というイメージは、一般的なイメージとはかなりかけ離れていましたね。これは、イクエさんの言語能力の弱さや、一般的な社会常識の不足のためでしょう。母子の会

話やカウンセリングのなかでのやりとりだけであれば、こちらがそのつもりで聞いておいてあげるだけでよいと思いますが、もしイクエさんが、事情を知らない第三者にこういう話をしてしまうと、何かの行き違いや勘違いが起こってしまう可能性があります。ですから、「男女交際」とか「彼氏」とかの一般的なイメージを、イクエさんに教えておいてあげたほうがよいのではないかと思います。自閉症児・者のインタビュー調査を行ったガーランド氏も、次のような例を紹介しています。16歳の自閉症女子のお母さんの話です。

　彼女の姉には、この子は自閉症ではありませんが、以前ボーイフレンドがいました。彼は、自閉症の方の娘にもあいさつの言葉をかけていました。娘は、それに答えませんでした。私は彼に、これからもぜひ声をかけ続けてほしいと言いました。半年後、彼は娘のアシスタントとしても働くようになりました。今では娘は、彼は「私のボーイフレンド」だと言います。彼女は「彼に恋をしてる」とも言うので、その意味を尋ねると「すっごく好きなこと」と答えました。

この例でも、「恋してる」＝「すっごく好き」ということで、彼女なりの表現だったわけです。このような、言葉の意味の独特な解釈は、成人でも見られます。成人してから自閉症スペクトラム障害と診断された伊藤のりよ氏は、次のように述べています。独身のころ、今のご主人から告白されたときのエピソードです。

　私は、好きという感情があまりよくわかりません。それに、女子同士で恋愛の話もしてこなかったし、小説を読んだりするわけでもなかったので、男性から「好きです」と、言われただけだと、どう返答したらいいのかわかりませんでした。でも夫は、続けてこうも言ってくれました。
　「つき合ってください」
　私はこの言葉を聞いて、初めて「好きです、というのは、つき合ってという意味なのかな？」ということに気づきました。

じつは夫の前にも、私に告白してくれた人がいたのですが、「好きです」の意味がわからなくて、即答でどうにかしないといけないと思い込み、パニック状態になってしまったのです。

　コミュニケーションに難しさがあると、当の本人も周囲も混乱してしまうことが、よくおわかりいただけるのではないかと思います。
　次に、いろいろなカップルを見てみましょう。

> **先輩と交際するユイさん**
> 　ユイさんは、特別支援学級に在籍する中学１年生で、中度の知的障害があり、簡単なやりとりならできます。生活習慣はまだちょっと頼りないところがあって、時々おしっこを漏らしてしまいます。
> 　でもそんなユイさんにも、彼氏ができました。同じ特別支援学級の中学２年生の先輩です。知的なレベルはユイさんと同じくらいだそうです。どちらからともなく思いを伝えて、同意のうえで交際が始まったようです。時々手紙のやりとりをしていて、「大人になったらけっこんしよう」とか「だいすき！」とかお互いに書いています。２人きりで会うことはなく、必ずだれか他の友達と一緒に出かけたりしています。
> 　こういうことをユイさんは全部両親に話してくれて、手紙も見せてくれます。彼氏のことはユイさんの両親もよく知っていて、とても大人しい男子のようです。だから、ユイさんの両親はあまり心配することなく見守っているということです。

　手紙に「大人になったら」と書いてあったり、２人きりで会わないようにしたりしているところを見ると、おつきあいの仕方についてだれか指導してくれているのかもしれませんね。たしかに今のところ心配はなさそうですが、もしものときを想定した指導はあったほうがよいでしょう。彼氏のどんなリクエストは受け入れてどんなリクエストは断るべきか、どうしたら妊娠するのかなどのことを、ユイさんがどこまで知って

第４章　さまざまな性行動について　●　119

いるかを確認しておくべきではないでしょうか。学校の先生との連携もあればいいですね。

> **知的レベルに差があるカップル**
>
> 　今年、ネネさんとアツシくんはそれぞれ別の特別支援学校高等部を卒業して、作業所に通所しはじめました。ネネさんは中度、アツシくんは軽度の知的障害があります。
> 　通所を開始して半年経ったころ、2人は、同じゲームが大好きであることに気がついて、休憩時間に一緒にゲームをして楽しむようになりました。そしてそのうち、ゲームをしていなくても2人で過ごしている様子が見られるようになりました。ネネさんは言葉のやりとりはほとんどできませんが、一緒にふざけあって楽しそうです。ネネさんとなかよくなって以来、アツシくんは作業所を休むことが減りました。

　これはまだ男女交際と言える段階ではないかもしれませんが、今後どう発展するかはわかりません。むしろ今の段階から、男女交際のルールやエチケットを、ネネさんともアツシくんとも話し合っておいたほうがよいかもしれませんね。支援者を交えて2人一緒に話し合ってもよいでしょう。知的レベルに差があってもおつきあいができるという例とも言えますが、逆に、力関係のアンバランスさには今後注意が必要かもしれません。

> **年齢差のある男性を選ぶカオルさん**
>
> 　26歳のカオルさんには知的障害はありません。自閉症傾向は軽度なのですが、人づきあいでつらくなることが多々あって、入学した公立高校で不登校となってしまい、途中から通信制高校に転校して卒業しました。その後医療事務の資格を取って、今は内科医院に勤務しています。
> 　カオルさんには今、13歳年上の彼氏がいます。趣味の合気道で知り合っ

た方だそうで、結婚を考えています。カオルさんの両親は結婚に反対ではないのですが、年齢がかなり違うことがちょっと気になるようです。でもカオルさんにとっては、時々情緒不安定になる彼女を包みこむように見守ってくれる彼氏の存在が、とてもいいようです。

実はカオルさんには、以前も15歳年上の彼氏がいました。3年くらい交際したのですが、彼氏の仕事の都合でだんだん会う機会が減り、「自然消滅」したようでした。この彼氏も、時として自由奔放にふるまうカオルさんに、辛抱強くつきあってくれた人でした。

　自閉症特性をもつ子どもには、同年代よりも、年上や年下の子どもと関わりたがる傾向が見られることがあります。保育園、幼稚園や学校で、他の子どもと遊ぶよりも先生とばかり話したがっているという話もよく聞きます。

　実は、一般的に、同い年よりも年齢差があったほうが関わりやすいものなのです。なぜかというと、相手が年上や大人であればその言うことに従っていればいいし、年下であればこちらが主導権をもって動けるからです。つまり、それぞれの「役割」が同年代よりも明確なのです。同年代どうしだと、なんとなくどちらかがリーダー的になってもう一方が暗黙の了解でそれについていくといった、きわめてあいまいな状況になるのです。とくに自閉症特性をもつ人にとってこのあいまいさがわかりにくく、どうしても、よりわかりやすい関係を求めて年齢差のある相手に惹かれる傾向があります。

　アメリカ精神医学会発行の『DSM-5 精神疾患の診断・統計マニュアル』では、自閉症スペクトラム障害の診断基準のひとつとして、「相互の対人的情緒的関係」の難しさが挙げられています。これは逆にいえば、自閉症の人にとっては、相互的関係よりも一方的な関係のほうがもちやすいということなのです。

　また、自身自閉症スペクトラム障害をもつガーランド氏は、次のように分析しています。

同年代の人とのつきあいがむずかしいことの背景のひとつには、彼らと共通の趣味がないことがあるが、自分への尊厳という問題もひとつの要因ではないか、と指摘する人たちもいる。つまり、同年配とのつきあいのなかでは自尊心を傷つけられる恐れがあるが、自分よりも十分に年上か年下の人には適切な距離を置くことができるからである。

　カオルさんのケースに戻ると、年齢差のある関係が必ずしも問題ではありませんし、これは彼女の自閉症特性とは無関係の「好み」かもしれません。ただ、自閉症特性に着目するとこういう理解の仕方もできるかもしれない、という一例として紹介しました。

> **いきなりプロポーズしたユウタさん**
>
> 　27歳のユウタさんには軽度知的障害があり、特別支援学校を卒業して作業所に通所しています。作業所では比較的仕事ができるほうなのでみんなからも一目置かれ、本人も張り切ってがんばっています。性格も真面目で人間関係のトラブルはなく、時には、作業所の職員とも雑談を楽しむ姿が見られます。
>
> 　そんなユウタさんが、ある日突然、若い女性職員に「結婚してください」と言ったのです。びっくりした女性職員は、その場では笑ってごまかしましたが、あとで上司に相談しました。ユウタさんはその女性職員と交際していたわけではなく、職場で時々雑談をする程度の関係だったので、上司も驚きました。でも、ユウタさんの性格上、ふざけているわけではなく、彼はむしろ真剣であることはよくわかりました。
>
> 　そこで上司は、ユウタさんと女性職員との3人できちんと話し合う場を設けました。そしてそのとき、ユウタさんは初めて、女性職員にはすでに彼氏がいることを知りました。すっかり気持ちを切り替えることができたユウタさんは、その後、女性職員と会うと普通にあいさつをしたり以前のように雑談をしたりする関係に戻ることができました。

### 「息苦しい」とふられたヨシロウくん

　小学生のころアスペルガーと診断されたヨシロウくんは、公立高校２年生のときに彼女ができました。自宅が近くで、登下校のときによく顔を合わせたことがきっかけでした。女子との交際が初めての経験なので、ヨシロウくんは、とても張り切って彼女に寄り添おうとしました。ところが、わずか３カ月で、あっけなくふられてしまったのです。その理由を、彼女は、「息苦しい」と言ったそうです。

　どういうことかというと、ヨシロウくんは張り切りすぎて、つねに彼女と一緒にいようとしたのです。登下校はもちろんのこと、休日もできるだけ一緒に過ごす約束を取りつけようとしました。会えないときもしょっちゅう電話をして、何か困ってないかとか、いろいろ聞いたりしました。彼女のほうはだんだんヨシロウくんを重荷に感じるようになってしまい、彼の誘いを、いろいろ理由をつけて断るようになりました。でもヨシロウくんは、そういうときの彼女の言葉の裏の気持ちを感じとることはできず、彼女の気持ちの変化に最後まで気がつかなかったのです。

　異性関係にかぎらず、人間関係の距離をだんだん縮めていくというのは、なかなかわかりにくいし難しいことがあります。とくに自閉症特性のある人の場合、どんなやり方で、どれくらいのペースで親密さを増していけばいいのか、見当もつかないかもしれません。前述の「ステップ」です。こういう場合に、114ページで紹介した佐藤量子氏のような指導の仕方が生かされるとよいですね。ただしまずは、そういうことを話し合う状況を作ることが必要になります。本人からの相談があれば簡単なのですが、そうでなければ周囲が介入する必要があります。ユウタさんの例では、上司が、彼のしたことを単なる「問題行動」として批判したり叱責したりして片づけてしまうのではなく、一人前の男性の行動としてとらえてきちんと対応されたのがよかったと思います。ヨシロウくんは、彼女との距離を急に縮めすぎた感じですね。コミュニケーションの微妙なニュアンスに気がつかなかったことも、災いしました。途中で「作戦変更」できていれば、また違った結果になったかもしれません。

### 彼女を自宅に泊めるヒロヨシくん

　20歳のヒロヨシくんは、定時制高校卒業後、障害者雇用で一般企業に就職しました。もともと知的能力は低くないので、ていねいな指導があればきちんと働けています。

　そんなヒロヨシくんは、高校の同級生と交際を始めました。この同級生は、別の職場で働いています。交際は順調なのですが、シングルマザーであるヒロヨシくんのお母さんが困るのは、ヒロヨシくんがしばしば彼女を自宅に連れてくることです。しかも、予告もなく深夜にいきなり連れてきて、自室に泊まらせるのです。性的関係があるのかどうかはわかりません。彼女は、あいさつ以外はヒロヨシくんのお母さんと会話することもなく、泊まった翌朝は、お母さんが準備した朝食を黙って食べて帰っていきます。彼女の家族もこのことは知っていて、とくに問題視はしていないようです。

　ですが、ヒロヨシくんのお母さんは困ってしまうので、ヒロヨシくんに、泊めるのはかまわないが予定をあらかじめ伝えておいてほしいこと、深夜に連れてくるのは困ることを話しました。するとヒロヨシくんは逆ギレして、家庭のことで彼女が悩んでいるから、相談に乗っているのだと言います。お母さんは、だからといって急に泊まりに来なくても、と思うのですが……。

　自閉症特性としてのマイペースさが、こういう形で出ているようです。ヒロヨシくんはもう成人なのでそのプライバシーは最大限尊重してあげたいところですが、逆に、大人として家族への配慮も欲しいですね。ここは、辛抱強く話し合いを続けるしかないでしょうか。

### 強引な女子に困るケイジくん

　中学生のケイジくんは、知的能力は比較的高く、コミュニケーションにも大きな問題はないのですが、対人関係でちょっとしたことでつまずいてしまうところに、自閉症特性が表れています。

　なにごとにも積極的なケイジくんは女子に人気があり、中学2年生の夏

休みから同じ学校の1年生と交際を始めました。ケイジくんも彼女に好意はもっていましたが、彼女が熱心にアプローチしてきた感じで、交際を始めてからもどちらかというと彼女のペースでした。

　そんな彼女の「情熱」は徐々にボルテージを増し、2年生の3学期になると、寂しいからと言って夜中にケイジくんを呼び出したりするようになりました。彼女がいつも2人で一緒にいようとするので、ケイジくんは他の友達と過ごす時間がなくなってしまいました。でも、ケイジくんは困っているのですが、どうしたらいいかわからず、彼女の言いなりになっていました。見かねた両親が、彼女と少し距離を置くように忠告すると、「放っておけない」と耳を貸しませんでした。

　しかし、3年生になって高校受験の年を迎えると、ケイジくんもさすがに不安になってきました。勉強中にも彼女に呼び出されたりするからです。でも、面と向かって彼女に何も言えません。同じような関係をズルズル続けて、3年生の夏を迎えてしまいました。幸い、このころには学校の先生もこの関係に気づいていて、彼女のほうに指導をしてくれました。受験生のケイジくんをそっとしておくのもパートナーとしての大切な役割だということを伝えられ、渋々ではありましたが、彼女は少しずつ遠くから見守ることができるようになっていきました。無事志望校に入学できたケイジくんは、その後も彼女と会っているようです。

　自閉症特性のひとつに対人関係の難しさがありますが、特性が比較的軽度ですと、普段の人間関係は一見なんの問題もないように見えます。しかしそういう場合も、何か問題が生じたときに臨機応変に対応するのが難しく、つまずいてしまいます。ケイジくんもまさにそんなケースで、彼女との関係が、自分が思っていたのと違ったものになると、どうしていいかわからなくなってしまいました。こういうときは、自力で対処するのが難しく、周囲が手をさしのべる必要があることも少なくありません。このあたりも、自閉症特性を周囲が理解しておかないと、ただ注意されたり叱責されたりするだけで終わり、問題解決につながらないことが往々にしてあります。

### 女子とパーティをする？ゲンキくん

　ゲンキくんは、特別支援学級在籍の中学3年生で、中度の知的障害があります。だれに対してもつねに敬語でちょっと気取ったような話し方をしたり、物の置き場所に妙にこだわったりするなど、自閉症特性はかなり顕著です。ちょっと気に入らないことがあると急に怒ったり、活動を拒否したりすることがあり、中学2年生の途中から不登校になってしまいました。
　そんなゲンキくんは最近、少年雑誌に載っているアイドルの写真などを見ていることがあり、両親は、そろそろ女性への興味が芽生えてきたのだと思って見守っていました。ところが同じころから、変なことを口にするようにもなったのです。「僕にはつきあってる彼女がいます」とか「みんなでお出かけしました」なんて言うのです。聞くと、「彼女」であるマユミさんは近所に住む同級生で、半年前からつきあっているのだそうです。「お出かけ」については、「ソウタくん、リュウジくんと僕、ミキさん、カナコさん、ナナコさんの男子3人女子3人で、遊園地に行きました」と言い、その様子をかなり詳しく話してくれました。
　その後も折に触れて、彼女のこととか、友達としたこととかを話すのですが、どれも、現実のことでないのは明らかです。何しろゲンキくんは学校に行ってなくて一日じゅう家にいるので、両親は彼の行動を全部把握しているのですから。でも、両親が彼の言うことの矛盾点を指摘しても、「嘘じゃありません！　ほんとなんです！」と真顔で言い張るだけで、らちがあきません。

　これはちょっと変わったケースです。自閉症特性の強い人が、現実でないことを現実のことのように話すのはめずらしくありません。しばしば「妄想」と解釈されますが、むしろ、「想像上の世界」と考えたほうがよいことが多いように思います。真の妄想と違って、現実生活への影響が少ないからです。ただ、本人はこういうことを現実と思いこんでいることもあります。
　こういう「想像上の世界」の話には、しばしば本人の願望が反映されます。ゲンキくんのこの話も、彼女が欲しいという彼の願望の表れかも

しれません。学校に行けていなくて友達づきあいがほとんどないゲンキくんには、彼女を作る機会も友達と触れあう機会も実際にはありません。だから、せめて想像上の世界でそういう経験をしているのではないでしょうか。「イマジナリー・フレンド（想像上の友達）」と呼ばれることもあります。

## 9．結婚・育児

　自閉症をもっていても結婚や育児は十分可能です。自閉症特性と上手につきあいながら、幸せな家庭生活をおくっておられる方はたくさんいます。ただ、細かい状況を見るといろいろなケースがあり、子どものころから障害がわかっていて結婚に至った方もあれば、結婚後に障害が明らかになった方もおられます。比較的多いのは、わが子が自閉症であることがまずわかり、自閉症について勉強しているうちに、これは自分にも当てはまると思って受診して本当に診断がつく、という場合です。また、ご自分ははっきりした診断はついていないけれど、わが子と同じくきっと自分もそうだろうと思って生活しておられる方もあります。配偶者とその家族の障害理解もまちまちです。自閉症者の結婚生活（場合によっては、自閉症者どうしの結婚生活）では、知的レベルよりもむしろ、夫婦の相性や、ソーシャルスキルのレベルのほうが重要となるようです。
　もちろん、うまくいっているケースばかりではありません。
　たとえば、夫婦関係において、セックスがこだわりのようになってしまうこともあるようです。性教育研究者であるエノー氏は、次のように述べています。

　　アスペルガー症候群をもつ人（性別を問わず）は、その伴侶である定型発達者によると、性生活を欠かさないことがカップルとしての正しいあり方であると思いこむ傾向があるといいます。しかしながら、満足のゆく性生活（頻度に関してもその内容に関しても）がただちに、カップルの

親密さを保証するものではありません。性というのは、親密さの一要因にすぎないのです。このように、親密さというものを「具体的かつ実体的」に理解しようとするのが、アスペルガー症候群をもつ人の特性なのです。

　また、自閉症の特性のひとつである感覚過敏は、周囲になかなか理解されないことがあります。時として、触覚過敏が性生活の妨げとなることがあります。あるいは、聴覚過敏のために一人で静かな部屋にいたいと思うことがあるでしょう。こういう事情を配偶者が理解してくれないと、「僕（私）を愛していないのか?!」ということになり、夫婦関係に亀裂が生じかねません。多くの自閉症スペクトラム障害当事者にインタビュー調査を行ったガーランド氏は、ある女性のこういう言葉を紹介しています。

　　人に触れられるということが、私にはとてもむずかしいのです。それは性的な限界をつくり出します。でも、一番問題なのは、私のパートナーがそれを私固有の問題だと受けとってくれないことです。たとえば私が身を引いてしまうときなど。多くの人にとって、それが個人的な感情でないことを理解するのはむずかしいのです。

　マイペースさのために日常生活のパターンを崩せない場合、配偶者や家族を巻きこんでしまうこともあります。順天堂大学教授を務める精神科医、広沢正孝氏は、結婚後に自閉症スペクトラム障害が判明した男性のケースを紹介していますが、彼の食事や入浴の時間が決まっていてそれが多少でも変わると不機嫌になるなど、定型発達者である妻にとっては、その結婚生活は「驚きの連続であった」とのことです。次に挙げるのは、筆者のケースです。

## 時々情緒不安定になるチヒロさん

　24歳のチヒロさんは、新婚ほやほやです。職場で知り合ったご主人と、共働きの生活が始まりました。

　結婚する以前からですが、チヒロさんは時々情緒不安定になることがありました。普段はとても穏やかなのですが、何か思いと違うことがあったり気に入らないことがあったりすると怒りを爆発させたり大泣きしたりするのです。それがあまりに急なので、周囲の人にはなぜチヒロさんがそうなったのかわからず、あとで落ち着いたチヒロさんの口から聞いてやっとわかることがよくありました。

　もうひとつチヒロさんが以前からよくしていたのは、時々ふらっと一人で出かけることです。今のご主人とつきあいはじめてからも、ご主人の誘いを断って一人でのお出かけを選択することがめずらしくありませんでした。そういうときご主人はとても寂しい気持ちになりましたが、チヒロさんの気持ちを尊重するようにされていました。

　実はご主人は、以上のようなチヒロさんのふるまいが、結婚したら変わるのではないかと期待していたのですが、そうはいきませんでした。むしろエスカレートしたような感じで、感情を爆発させることも、一人になることを好む傾向も以前より増しました。夜遅くなって外出できないときなどは、一人で寝室にこもってしまいました。でも一方、穏やかなときのチヒロさんは、ご主人にとても優しく献身的で、ご主人が愛されていることは疑いありません。

　ご主人はすっかり戸惑ってしまい、ある日思い切って、チヒロさんに心療内科受診を勧めました。意外なことに、チヒロさんはこの提案をすんなり受け入れました。彼女自身も、自分がなぜこのようになってしまうのか知りたかったのだと言います。受診した心療内科で検査も受け、「自閉症スペクトラム障害のグレーゾーン」という診断が出ました。「グレーゾーン」というのがわかりにくかったのですが、説明を聞くと、普段は問題なく、ストレスがかかったときだけ感情が爆発したり一人になりたくなったりするからだとのことでした。

　これを聞いて、ご主人はとても安心しました。チヒロさんがご主人に愛情を感じていないからこういう行動をするわけではないことがわかったからです。夫婦で話し合って、チヒロさん自身も、爆発したあとにその理由

> をちゃんと説明したり、一人になりたい理由を伝えてから出かけたりこもったりするようになりました。

　チヒロさんのようなケースは、専門的に「診断閾下(いきか)」と呼ばれるケースです。自閉症特性はあるけれども診断がつくほど顕著ではないという意味で、「グレーゾーン」という言葉が使われることがあります。この「グレーゾーン」という表現については、専門家のあいだでも賛否両論がありますが、医療現場や教育現場で実際に使われることがめずらしくないので、本ケースでも使用しました。
　このようなケースは、チヒロさんのように、普段はなんの問題もなく生活できていて、なんらかのストレスがかかったときだけ自閉症特性が表面化するものなのです。ですから、周囲の人になかなか理解されません。でも、程度の差はあれ、自閉症特性がこういう行動の根底にあると考えられるなら、そのように理解して対応・支援すべきです。チヒロさんの場合、ご主人との新婚生活が幸せいっぱいなものであるには違いないのですが、その一方、愛する人ではあっても他人と生活を共にするということが心理的負担となって、結婚後に不安定さが増したように見えたのだと思われます。結婚生活となると、いつもマイペースでいられるわけではなく、相手に合わせざるを得ないことも多々ありますからね。夫婦間で、ほどよい心理的距離を見つけてそれを保つことが大切です。自閉症の有無にかかわらず、夫婦円満に過ごす秘訣のひとつは、お互いに我慢して譲り合う精神ではないでしょうか。
　育児に関しても問題が生じることがあります。他人の気持ちを汲みとりにくいという社会性の困難さのために、授乳やおむつ交換といった身体的な世話はできても、赤ちゃんや子どもの身になって気持ちを察してあげることができないこともあります。そうすると、子どもの情緒発達に影響することもあるでしょう。また、自閉症特性は多かれ少なかれ遺伝傾向がありますので、親子双方に特性があると、どちらもこだわりを譲れずに衝突を繰り返すという事態にもなります。

ときには、自身の子ども時代のつらい体験から、子どもをもつこと自体を拒否してしまうこともあるようです。ガーランド氏は、自閉症の既婚女性の次のような経験を紹介しています。

　以前、私の叔母が口を出してきて、子どもをもつようにと言いましたが、意味のないことです。私には子どもがほしいという願望はなく、時には子どもが本当にいやだ、と思います。小さいときからずっと、子どもたちにばかにされてきたので、子どもたちが親切なときさえ受け入れることができないのです。学校に行ってたときには、女の子たちが更衣室から私を裸のまま追い出し、ドアが開かないように内側からずっと手で押さえていました。だから私は、子どもというものがどんなものかについて幻想はもっていません。どんな子どもに対しても、私は耐えられそうにありません。

障害の有無にかかわらず、結婚して子どもを産むのが最高の幸せとはかぎらないことも、周囲が理解する必要があります。

結婚や育児が問題となるくらいの段階では、いわゆる「性教育」で対処するというよりは、障害者自身の自己理解と周囲の理解が大切ということになるでしょう。自閉症特性が正しく理解されないと、夫婦間、親子間に思わぬ誤解が生じてしまいます。本書を通じて筆者が訴えている、「根本にある自閉症特性は何か」をつねに念頭に置いておくことが重要です。

### 出産後に診断されたマサミさん

　マサミさんは、現在40代の主婦で、大人になってから自閉症スペクトラム障害がわかった方です。子どものころはずっと、勉強をはじめとして、他の子ができることがなかなかできなかったので、家でも学校でも怒られてばかりでした。それでもがんばって高校卒業後に専門学校に入学したのですが、厳しい指導にとてもついていけなくてうつ病になり、中退してし

まいました。それ以来、精神科で治療を受けながら、工場での部品組み立ての仕事を続け、偶然出会った男性と恋に落ちて結婚に至りました。でも、小さいころから要領が悪かったマサミさんにとって、毎日の家事は、それはそれは大変なことでダウンしてしまい、しばらく通っていなかった精神科にまた通いはじめました。

　子どもがなかなかできませんでしたが、やっと女の子を授かりました。今まで夫婦の生活だけでも大変だったのに、子育てが加わって、マサミさんはますます不安定になりました。そんななか、どうも育てにくいと感じていた娘について専門機関に相談したところ、娘は自閉症をもっていることがわかったのです。そしてさらに、自閉症について勉強するうちに、マサミさんは、自分も発達障害ではないかと思うようになりました。そこで、そのことを精神科の主治医に思い切って相談すると、改めて検査を受けることになり、その結果、マサミさんも自閉症をもっていることがわかったのです。そのことを知ったマサミさんは、「私が悪いのではなく、障害のせいだったんだ」とわかり、ホッとしたそうです。そのおかげで、それ以来、子育てについても医療機関で遠慮なく相談できるようになりましたし、ためらうことなく福祉サービスを利用できるようになりました。家事や育児は今でも大変ですが、ご主人の理解と協力もあり、がんばっています。

### 育児を押しつけられたエツコさん

　19歳のエツコさんは、自閉症と診断されるほどではありませんが自閉症特性が多少あり、人づきあいが苦手です。また、軽度知的障害もあって、難しいことはわかりません。それでもがんばってフリースクールを卒業しました。でも、できる仕事がなかなか見つからなくて、離婚したお母さんと生活しています。お母さんは仕事があり、またお母さんもこころの病気を治療中なので家事を全部こなすことはできず、エツコさんがかなりの家事を担当していましたが、お母さんが再婚することになりました。エツコさんは新しいお父さんのことをあまり好きになれませんでしたが、しかたありません。そして、エツコさんの妹が生まれました。新しいお父さんはお母さんに仕事を続けて欲しかったので、お母さんは産後すぐに仕事復帰し、エツコさんが幼い妹の面倒を見ることになりました。

エツコさんも仕事ができればしたいし、遊びにも行きたいのに、我慢して妹の世話を続けました。時には不満が溜まってお母さんに当たったりもしましたが、お母さんは、「（妹の面倒を）あんたが見いへんかったらだれも見れへん」と突き放すばかりでした。新しいお父さんは怖いので、エツコさんは何も言えませんでした。エツコさんが時々受診していた心療内科の主治医がエツコさんのしんどさをお母さんに伝えてくれたこともありましたが、お母さんの態度は変わりませんでした。でも幸いなことに、エツコさんの育児は上手だったので、妹はすくすく成長しました。

　自分の発達障害とも向きあいながら、家事に育児に奮闘するマサミさんの体験は、多くの人を勇気づけてくれるのではないでしょうか。また、エツコさんのしんどさを思うと胸が痛くなりますが、やはり、発達障害や知的障害をもっていても、育児は十分できることがよくわかります。

### 頑固なお父さんとアイリさん

　小学3年生のアイリさんには中度の知的障害があり、特別支援学級に在籍しています。彼女のこだわりはとても強く、欲しいお菓子を欲しいときにもらえないと、大パニックを起こしてしまうので、両親は対応に苦労しています。
　お母さんは主治医のアドバイスどおり、できるだけアイリさんの要求には応じず、おやつの時間を決めようとしています。ところがお父さんの考えは違っていて、値段の安いおやつなら欲しいときに与えればよいと言うのです。でも、アイリさんにとって値段の安い高いはわからないので、大人の判断によっておやつがもらえたりもらえなかったりする状況は混乱させるだけだとお母さんも主治医も思っています。しかし、お父さんは自分のポリシーを頑として曲げようとしません。実はアイリさんのお父さんも、最近うつ病になって病院を受診したところ、自閉症スペクトラム障害に当てはまると診断を受けているのです。そのことはお父さん自身も受け入れてはいるのですが、譲れないものは譲れないようです。アイリさんへの対応以外にも、日常生活のなかでお父さんのこだわりはいろいろあり、お母さんは大変です。反面、こだわり以外の部分ではとても優しい面もあるお

> 父さんなので、家族関係のバランスはどうにか保てているのですが……。

　自閉症特性への対応の原則は、子どもも大人も同じです。ただ、年齢が低いほど周囲の特性理解が大切であり、年齢が上がるにしたがって、本人の自己理解の重要性が増してきます。しかし、理解はしていても、行動を実際に変えていくということは、なかなか難しいこともあります。

# 第5章 性にまつわる話題

　本章では、自閉症児・者の性行動そのものだけではなく、それにまつわるさまざまな話題も取り上げます。いずれも、直接的にせよ間接的にせよ、性行動に大きな影響を及ぼすことがあります。また、犯罪との関係も要注意です。

## 1．メディア・SNS

　インターネットをはじめとする情報メディアが飛躍的に発展した今日、性的なことがらにかぎらず、さまざまな情報を手軽に得ることができるようになりました。場合によっては、こちらから求めていなくても、情報が勝手に配信されてきたりすることすらあります。こういう環境に、自閉症児・者、とくに子どもたちは、どのように適応するべきでしょうか。
　児童精神医学のテキストには、次のような記述があります。

　　性的な情報がメディアにあふれている昨今、性の問題を親子できちんと話し合わないと、子どもは、性というものは日常生活とはかけ離れた、何か特殊なものという感覚をもってしまいかねません。日常生活のなかでの性についての正しい理解を成長過程で得られなかった子どもは、ウェブでのセックス、ラップダンス、猥褻動画を見ながらの自慰行為といった、視覚的、情緒的な刺激に満ちた、しかし人間関係という点では希薄な性生活の方を好むようになってしまうおそれがあります。

文明や科学技術が進んで、一昔前には考えられなかったような便利なものがどんどん開発されていますが、たとえば自動車と交通事故のように、そういった多くのものにはなんらかのリスクがつきものです。いかにして、そういうリスクを最小限に留めつつ、便利さの恩恵にあずかるかが大切です。

　保護者によるパソコンのパスワード管理やフィルターの使用など、利用できる手段はいろいろあると思いますが、今日の日本において、子どもがどんな情報に接するかを完全にコントロールすることはきわめて困難でしょう。情報統制だけでなく、情報をうまく利用する手段、いわゆるメディア・リテラシーがとても大切になります。『現代用語の基礎知識』によると、メディア・リテラシーとは、「メディアを介したコミュニケーションを意識的にとらえ、批判的に吟味し、自律的に展開する営み、およびそれを支えるすべや素養のこと」です。つまり、玉石混淆（ぎょくせきこんこう）の情報の質を見極めること、情報には情報源（発信者）の主観が入り込んでいるということを理解すること、などです。明治・大正の文豪、森鷗外の、『ウィタ・セクスアリス』という自伝的小説に、以下のような一節があります。主人公の金井湛が10歳のとき、鎧櫃（よろいびつ）のなかにあった、今で言えば「エロ本」の類いを見たときの描写です。

　　僕はなんの気なしに鎧櫃のふたをあけた。そうすると鎧の上に本が一冊載っている。あけて見ると、きれいに彩色のしてある絵である。そしてその絵にかいてある男と女とが異様な姿勢をしている。（中略）僕はおもしろく思って、幾枚かの絵を繰り返して見た。しかしここに注意しておかなければならない事がある。それはこういう人間のふるまいが、人間の欲望に関係を有しているということは、その時少しもわからなかった。（中略）僕のおもしろがって、繰り返して絵を見たのは、ただまだ知らないものを知るのがおもしろかったに過ぎない。

　「僕」は、「こういう人間のふるまいが、人間の欲望に関係を有してい

るということは、その時少しもわからなかった」と言っています。このように、子どもというものは、目にするもの耳にするものを、大人と同様に解釈するとはかぎりません。誤解してしまうこともあれば、鷗外の例のように、さっぱりわからないということもあるのです。だからこそ、正しい理解に導くためには、大人の指導が必要になるのです。

そして、そこに自閉症特性が加わると、問題はさらに深刻になることがあります。

第一に、対人コミュニケーションを苦手とする自閉症児・者は、とくに生身のコミュニケーションが苦手です。まず何よりも、コミュニケーション以前の問題として、人と顔を合わせること自体に抵抗があったりするものです。そして、会うことはできても、相手の言うことに臨機応変に対応すること、心理的な距離を測りながらやりとりをすること、相手の表情や口調から言葉に込められた意図や感情を読みとること、これらすべてが、大変な作業になります。そういう彼らにとっては、FacebookやLINEなどのSNS（ソーシャル・ネットワーキング・サービス）でのコミュニケーションのほうが、やりやすいことが多いのです。SNSでは、相手と顔を合わせる必要がありません。相手の発信に対してすぐに応答する必要はなく、場合によってはじっくり考えてから返信することができます。心理的な距離は、生身のやりとりよりもずっと離れて保てます。表情や口調を読みとる必要もありません。そして、自閉症特性をもつ人は、話し言葉を介する情報よりも、文字を介する情報のほうが理解しやすいことが多いのです。このように、SNSでのコミュニケーションは、うまく利用すれば自閉症児・者にとって恩恵が多いものですが、逆にそのために、SNSにどっぷりつかる一種の依存状態のようにもなりかねません。

メディアの問題に自閉症特性が加わると難しくなる第二の理由として、メディアの情報は、文字情報にかぎらず、動画やイラスト、写真など、視覚情報がとても多くなっています。先に述べたように、視覚優位の傾向がある自閉症児・者にとっては、これも、恩恵であると同時に、過剰

なメディア利用のリスク要因となります。第4章の「6．自慰」でも述べたとおり、インターネット上の性的画像を見ながらの自慰は、習慣化してしまい、定着するとなかなかやめられなくなってしまいます。

　そして第三に、メディアから得られるどんな情報にも言えることですが、自閉症児・者がその情報を額面どおり受けとってしまう傾向があるのが問題です。その情報が発信された背景、発信者の意図などを読みとれないからです。一例を挙げると、性的な動画などで、女性が、こころの底では男性を求めていても、言葉のうえでは拒否をするというふうな場面が描かれることがあります。子どもがこれをそのまま受け止めてしまうと、女性がどんなにいやがっても強引に押し切ってしまえばいいなどと思いこんでしまうかもしれません。メディアで触れる性と、現実生活で触れる性はまったく違うのだということを、自閉症児・者にはぜひとも理解してほしいと思います。

　第四に、衝動コントロールが難しい場合、好きなインターネットゲームをしたい、お気に入りの動画を見たいと思うとその気持ちを抑えることができず、他の活動を差し置いてもメディア利用に没頭する、いわゆるネット依存状態のリスクが高くなります。

　ここで、ゲームについてちょっと触れます。インターネットゲームにかぎらず、最近はやりの「ゲーム」は、プレイヤーを惹きつけるように巧妙にできています。まず、その画面から得られる鮮やかな視覚刺激です。とくに最近は、技術開発が進んで、本当にリアルで美しい画面ができていて、ひと昔前の「テレビゲーム」しか知らない筆者などには、隔世の感があります。これは、視覚優位傾向の強い自閉症児・者には、大変魅力的です。次に、ゲームは、自分がしたことの結果がすぐに出ます。対戦で勝てば次のステージに進む、負ければそこで終わりでリセットしてまたやり直し……といった感じです。こういう具合に、行動からその結果へのサイクルが短いほど、より魅力が増すのです。これは、即効性がないドラッグよりも即効性があるドラッグのほうが、依存性がより高いことと同じ理屈で、プレイヤーの衝動性が高い場合にはとくにハマり

やすくなります。もうひとつ忘れてならないのは、自分がしたことの結果に一貫性があるということです。ポイントがなくなれば即終わりであって、そこに情け容赦はありません。育児全般に言えることですが、保護者にとってもっとも大切であると同時にとても難しいのは、子どものふるまいに対して一貫した対応を続けることです。たとえば、門限を守らない子に対して、保護者の気分次第で、あるときはペナルティを課し、あるときは見逃す……といった対応は、一貫性がなく、子どもを混乱させるだけです。それに対して、情け容赦のないゲーム機の対応は、一貫性という点では、子どもにとってみればわかりやすいのです。「こうすればこうなる」というのが明確なのです。この点も、子どもにアピールします。とくに、自閉症児にとってみれば、白黒はっきりしていてわかりやすい世界と言えるでしょう。以上の理由から、メディアのなかでもとくにゲーム関係のアクティビティは、視覚優位で衝動性が高いといった、ありがちな自閉症特性に訴えかける部分が大なのです。このことは、もちろん、大人にも当てはまります。

このように、自閉症児・者にとってのメディア・リテラシーの重要性は、定型発達児・者以上と思われます。

### SNSの知人と交際するヒロミさん

　21歳のヒロミさんは、フリースクール卒業後、障害者雇用で工場勤務です。知的障害は軽度で、一見障害があるとはわからないくらい、自然にやりとりできます。だから友達もいなくはないのですが、最近のヒロミさんは、インターネットを通じて会ったこともない人とのやりとりを楽しんでいるようです。

　以前から時々情緒不安定になるヒロミさんは、高校のころから精神科に通って薬をのんでいます。最近の診察でヒロミさんは、ネットで知り合った人と会うことになったと主治医に報告しました。主治医が、相手がどんな人かもわからないのでそれは心配だと話すと、ヒロミさんは、優しそうな人だから大丈夫、とまったく危機感がありません。県外に住んでいる30

代の独身男性だというのです。2人だけで会うのは心配だからだれかに同伴してもらうようにと主治医が言っても、ヒロミさんは聞き入れません。結局ヒロミさんはこの男性とカフェで会い、1時間ほど話をしてその日は別れました。その後も数回会ったようですが、とくにトラブルはなく、そのうちお互いに自然に連絡をとらなくなりました。

　このケースは幸い何もトラブルになりませんでしたが、こういうことはやはりリスクが高いと思われます。自閉症特性をもつ人には対人コミュニケーションの脆弱性があり、ヒロミさんのように比較的社交的な人にとっても、生身のつきあいよりもネットを通じたつきあいのほうがやりやすいのでしょう。そんななかで、つい気を緩めて危機感を感じなくなってしまいがちです。ここにはもちろん、もうひとつの自閉症特性である、常識的判断や知識の弱さも関係しているでしょう。第三者からの助言が欠かせないところです。しかし、ヒロミさんのようになかなか聞き入れてもらえないこともあるし、成人年齢でもあるので、どこまで他者が介入できるか難しいところです。

### SNSでトラブルに巻きこまれたルナさん

　軽度知的障害があるルナさんは22歳です。特別支援学校を卒業した後、障害者雇用で清掃の仕事をしています。職場でも女性より男性となかよくしているルナさんは、SNSを通じて複数の男性とやりとりしていました。
　そうやって知り合った男性と実際に会って、短期間交際したり、性的関係をもったりすることがありました。職場の同僚の結婚や出産が話題になると、それに刺激されて男性にアプローチすることが多いようでした。SNSを通じて知り合っただけで身元がよくわからない男性に接近することを、職場のサポーターも家族も大変心配していましたが、ルナさんには、何が問題なのかピンとこない様子でした。
　そんな男性の一人が、ルナさんに借金を依頼しました。欲しいバイクを買うために、どうしても資金が必要だというのです。ルナさんは言われる

がまま、貯めていた数十万円をその男性に渡してしまいました。するとその後は、男性と連絡が取れなくなってしまいました。
　お金をだましとられたことは残念でしたが、家族や支援者としては、これでルナさんも自分がしていたことの危険性をわかってくれただろうと期待しました。しかし、彼女はその後も懲りていないようです。

　周囲の女性が素敵なパートナーを見つけて幸せになっていることを知ると、ルナさんは「私も」と思ってしまうのでしょう。そうなると、相手がだれだろうがどんな人だろうがおかまいなしで、とにかく「彼氏」を作りたくなってしまうようです。周囲の助言をなかなか聞き入れないところや、状況判断がまずいところなどに、自閉症特性が見てとれます。

### YouTubeで聞いた猥褻語を連発するコウジくん

　小学6年生のコウジくんは知的な問題はなく、通常学級在籍です。多動傾向があって、思ったことをすぐ口にしたり行動に移したりして、時にトラブルのもとになります。
　最近パソコンの前で過ごす時間が長くなってきて、いろいろな動画を見ているようです。どんな動画を見ているのかは両親にはよくわからないのですが、そのなかで見聞きした卑猥な言葉をところかまわず連発するので、周囲が困惑するようになりました。言葉の意味もちゃんとわかっていて、それでみんなが眉をひそめるのもわかっていて面白がっているのです。両親が注意しても、一向に意に介さない様子です。

　この年代の男子はだいたいこういう傾向はありますね。でも空気を読みにくい自閉症特性が加わると、一層エスカレートすることがあります。周囲が反応しないようにするのが一番ではないでしょうか。

> ### アニメのシーンを真似るハクくん
>
> 　ハクくんは、特別支援学級に在籍する小学6年生です。知的障害は軽度で、小さいころからこだわりが強く、また、見聞きしておもしろかったものをすぐ真似てしまう傾向がありました。たとえば、ふざけているクラスメートを見てすぐその真似をするので、一緒になって先生に怒られることがよくありました。
>
> 　そんなハクくんがある日、特別支援学級の小学3年生の女子にいきなり抱きついたのです。驚いた女子に押されて、ハクくんはしりもちをついてしまいました。それで怒ったハクくんは女子に殴りかかり、先生が割って入るまで喧嘩が続いてしまいました。
>
> 　あとから先生がハクくんに事情を聞くと、数日前に見たアニメのワンシーンを再現したかったようでした。そのアニメの筋書きどおりに女子が応じてくれなかったので、腹が立ったと話しました。ハクくんに性的な意図はなさそうでした。

　ハクくんもコウジくん同様メディアで見聞きしたものを真似たわけですが、言葉だけを真似たコウジくんと違い、ハクくんは行為まで真似てしまいました。やはり、目で見たり耳で聞いたりするものの背後にある状況やその文脈を読みとるのが難しいので、情報を無批判にそのまま受け止めてしまうのです。他者の立場を考えない社会性の幼さも、もちろん関連しています。相手を、自分の興味関心事の対象としてしか見ていないわけです。

> ### お母さんのスマホでエロサイトを見るミカさん
>
> 　ミカさんは、特別支援学校に在籍する中学2年生。知的障害は中度で、言葉のやりとりは簡単な内容にかぎられます。学校では友達ともなかよくしていて、とくに問題はありません。
>
> 　ミカさんは自分の携帯電話は持っていませんが、ときどきお母さんのス

マホを借りてゲームをしています。1日1時間だけという約束もちゃんと守っているので、お母さんはとくに心配していなかったのですが……。

　ある日、ミカさんはいつものように、宿題を終えてからお母さんのスマホでゲームをしていました。そろそろ1時間経つのでお母さんが声をかけようとしてふと見ると、スマホの画面に、全裸の男性の動画が再生されているではありませんか。お母さんは腰が抜けるほどびっくりしましたが、平静を装い、知らんふりして、「そろそろ1時間よ」と伝えました。ミカさんは、何もなかったかのように、「あ、そう」と言って、スマホをお母さんに返しました。お母さんが履歴をチェックすると、男性の自慰行為など、性的な動画や画像がたくさんダウンロードされていました。

　シングルマザーのお母さんはだれにも相談できず一人で悩みましたが、とりあえずミカさんには何も言わず、スマホにフィルターをかけました。そして、遠回しに、インターネット詐欺や架空請求メール、悪質なサイトなどについて注意をしておきました。でも、お母さんが言ったことがわかったのかわからないのか、ミカさんはその後もスマホを長時間いじっています。

　自閉症スペクトラム障害自体が男子に多いこともあり、本書でも男子のケースが多くなっていますが、女子ももちろん性に対する好奇心は旺盛です。ミカさんのように、自閉症があると、遠回しの忠告は伝わりにくいことがあります。スマホは1時間という約束もちゃんと守るミカさんとお母さんの関係は良好と思われるので、ここはストレートに話したほうがよかったかもしれません。

### 性的動画を見るマナトくん

　軽度知的障害があるマナトくんは、フリースクールの高校2年生です。多動の薬をのんではいますが日常生活で大きな問題はなく、性的なことに関しても今まで両親がとくに心配したことはありません。

　最近のマナトくんがパソコンで性的な動画を見ていることに、お母さんは気がつきました。自宅のパソコンをマナトくんが使うことが多いので、

一応フィルターはかけているのですが、それでもこういう動画をまったく見ることができないわけではないようです。仕方なく両親はしばらく見て見ぬふりをしていました。

そんなある日、怪しいメールが届きました。一見してそれが架空請求であるということに両親は気がつきました。これを機に両親は、インターネットの注意点をマナトくんに話しました。

マナトくんのケースは架空請求で済んだのですが……。

### 危険なサイトに行ってしまったミズキくん

通信制高校に通うミズキくんは、知的レベルは平均的ですが人間関係が難しく、小学校と中学校は不登校気味でした。それで高校も、普通高校は通いにくいだろうということで通信制にしたのですが、不登校時代にずっと家で過ごした習慣が抜けきれず、高校に入ってからも、登校日以外はほぼ家に閉じこもりっきりです。家で何をしているのかというと、ずっとパソコンでネットサーフィンをしたり動画を見たりしているのです。でも、具体的に何を見ているかは、両親は知りませんでした。

ある日、お父さんが仕事から帰る前に、ミズキくんがお母さんに「相談がある」と言うので、お母さんはなにごとかと思いました。いつになくミズキくんの元気がありません。いつもの食卓に腰を下ろすようお母さんが促すと、ミズキくんはいきなり拝むように手を合わせて、「ごめん！」と一言言ったのです。聞けば、自分でも知らないあいだにアダルトビデオの有料サイトに行ってしまい、自分ではとても払えない額を請求されたというのです。

お母さんはミズキくんを責めたりはせず、いきさつを詳しく聞いて、インターネット使用上の注意事項を再確認しました。そして、お父さんが帰ってからみんなで話し合うことにしました。

インターネットや電子メール使用については、いろいろと気をつけないといけないことがあるのは言うまでもありません。機器の使用につい

ては親よりも子のほうが詳しいという家庭もめずらしくないと思いますが、子どもはあくまで子ども、思わぬ落とし穴に気がつかないこともあります。ことに、自閉症特性がある場合、常識的な情報や判断力が意外に抜け落ちていることもあるのです。ミズキくんが経験したような事態に陥らないよう事前のメディア教育をしっかりすると同時に、問題が起こったときに相談しやすいような親子関係を作っておくことも大切ですね。

### 児童ポルノ閲覧で逮捕されてしまったドゥビン氏

ニック・ドゥビン氏は、アメリカのミシガン州出身で、自閉症スペクトラム障害をもっています。これまで、自身のさまざまな体験を公表すると同時に、自閉症児・者の支援にも関わってきました。彼の経歴を、自伝に基づいてご紹介します。

ドゥビン氏は小さいころから手先が不器用で、友達もなかなかできませんでした。心配した両親がお医者さんの診察を受けさせたりしましたが、はっきりしたことはわかりませんでした。就学後は孤独な学校生活で、何か自分は人と違う、何かが足りないということをドゥビン氏自身ずっと感じていました。いじめにも遭いましたが、テニスで才能を発揮したことなどもあり、なんとか大学までこぎつけました。しかし、特別支援教員を志した大学院で挫折したことをきっかけに、改めて病院を受診し、アスペルガー症候群と診断されました。27歳のときでした。その後、自閉症支援に精力的に関わるようになりました。

そんなドゥビン氏のもう一つの長年の悩みは、自分は同性愛者ではないかということでした。どうしても女性に興味をもてなかったのです。アスペルガー症候群診断後も、自分の性的指向を確認しようといろんなことを試しつづけ、その結果行き着いたのは、ネットでのポルノ画像閲覧でした。自分が、どんな画像に魅力を感じるかを確認しようとしたのです。しかしここで、ドゥビン氏は一線を越えてしまいました。最初は成人の画像だけを見ていたのですが、児童ポルノを閲覧するようになってしまったのです。彼は、児童ポルノ閲覧が犯罪行為であることを知りませんでした。こうし

> て2010年にドゥビン氏はFBI（連邦捜査局）に逮捕され、長期にわたる苦しい裁判を経て、実刑は免れたものの、性犯罪者としての烙印を押されてしまいました。

　ドゥビン氏は、37歳のときに実名で自伝を発表して、以上の顛末を公にしていますので、ここに紹介しました。その自伝は、「はじめに」で述べたように、筆者（田宮）が本書を執筆するきっかけのひとつとなったものです。自伝の共著者となっているアスペルガー症候群研究者トニー・アトウッド氏は、ドゥビン氏が児童ポルノ閲覧に至った要因として、社会的孤立、いじめ、感情表現の困難さなどを挙げ、性的な問題に対処するにあたっても、自閉症理解が欠かせないことを強調しています。そして、ドゥビン氏が児童ポルノ閲覧に至った経緯を、次のように分析しています。

>　アスペルガー症候群というのは、その能力にばらつきがあるもので、しばしば、発達の凸凹と表現されます。こういう凸凹があるがゆえに、アスペルガー症候群をもつ人の知的能力が高い一方でその他の面では未熟であるという事実が、ほかの人に理解されづらいのです。ニックの場合も、そうでした。（中略）ニックの性的発達レベルも、思春期以前に留まっていました。しかし、それには別の側面もあります。無邪気だった子どものころに戻りたいと思っていた彼は、実現こそしなかったものの、同年代の子どもに受け入れてもらって友人関係を築くことを切望していたのです。拒絶といじめの憂き目にあったそのトラウマを、なんらかの方法で埋めあわせたかったのです。ここでもまた、ニックは想像の世界へと逃避したのですが、それは、アクセス自体が違法行為となる児童ポルノの世界でした。

　また、同書のなかで、性教育研究者のエノー氏は、SNSその他のインターネットサイトにおいて、シェアしてよい情報（休日に撮った写真、学校や職場に関する報告、イベントへの招待など）とシェアしてはいけない

情報（住所などの個人情報、要求された性的情報、未成年ポルノの画像・動画など）を明確に指導する必要性を説いています。

## 2．ストーカー行為

　ストーカー規制法によると、ストーカー行為は、「同一の者に対し「つきまとい等」を繰り返して行うこと」と定義されています。そしてこの「つきまとい等」に該当するのは、「つきまとい・待ち伏せ・押し掛け・うろつき」「監視していると告げる行為」「面会や交際の要求」「乱暴な言動」「無言電話、連続した電話・ファクシミリ・電子メール・SNS等」「汚物などの送付」「名誉を傷つける」「性的しゅう恥心の侵害」の8項目だそうです。

　ソーシャルワーク専門家のエミリー・スペンス・アルマゲヤー氏は、ストーカー行為に及ぶ特徴的な心理状態のひとつとして、ナルシスト（自己愛者）であることを挙げています。ストーカー行為の対象を、自分だけのものにしたいのです。ドイツの文豪、ゲーテの『若きウェルテルの悩み』の主人公、ウェルテルは、婚約者のあるシャルロッテ嬢に思いを寄せます。シャルロッテ嬢は最初こそ拒否しませんでしたが、執拗なウェルテルを次第に遠ざけようとするようになり、それでもなお言い寄るウェルテルは、ほとんどストーカーです。ウェルテルの「私が愛してわがものと思いたいこの少女には、私よりほかの男とは踊らせない。たとえわが身はそのために滅びようとも──」という言葉からも、強い独占欲がうかがえます。そして、ストーカーのもうひとつの特徴である、拒絶を受け入れられないというウェルテルの心理を見抜いたシャルロッテ嬢は、「わたくしをご自分のものにすることができない、それがかえってあなたの望みをそそってつのらせているのではないかしら」と、ずばり言い当てています。その他にも、アルマゲヤー氏によると、自分の気持ちや行動に責任をもたない、空想と現実の違いがわからない、社会にうまく溶けこめない、自分の問題を人のせいだと思う、などの特徴が、

ストーカー行為の心理状態にみられます。

　自閉症特性があるとストーカー行為に至りやすいというデータがあるわけではありませんが、いくつかの特性は関連するかもしれません。第一に、コミュニケーションが一方的になりやすく、ともすれば相手の気持ちを度外視して自分の気持ちを優先させようとする傾向は、やみくもに相手に付きまとうという結果に結びつきかねません。第二に、興味関心の対象への執着のために、一度思い込むとなかなかその対象から気持ちを切り替えることが難しいので、いくら相手に拒否されてもあきらめられないという事態になるかもしれません。この点について、オーストラリアの心理学者ストークス氏は、「社会性の障害、慎みの欠如、こだわり傾向といった、高機能自閉症の特性が相まって、他者にしつこくつきまとったり、いやがらせをしたり、脅迫したりして、関係をもとうとしてしまう」と述べています。こういう心理状態について、自閉症スペクトラム障害当事者であり支援者でもあるガーランド氏のインタビューを受けたあるアスペルガー症候群男性は、次のように話しています。

　　僕は女の子に執着し、すっかりとりこになってしまう。麻薬中毒のように、ものすごい量のエンドルフィンが流出してるみたいに、中毒になってしまうんだ。そんなときはろれつが回らなくなって、他人が僕の目を見てもわかるほどさ。高校時代には女の子のあとをずっと、ときには学校じゅうをついて歩くこともあった。本当はそんなことをしてはいけないとわかっていたけれど、もう夢中になってしまうと、止めることができなかった。してはいけないということを思い出しもしないんだ。

　自閉症児・者は、通常興味関心の対象とならないようなものに執着することがあります。たとえば、エアコンの室外機、トイレの便器などです。そこで、まずこの点の確認が必要です。ストーカー行為をしている自閉症児・者は、相手の人自体ではなく、その人の持ち物とか着衣とかに執着しているのかもしれません。第4章の「1．性への興味」で紹介した、フェティシズムです。であれば、別の手段でこれらの物品が入手

できれば問題は解決するかもしれません。ただし、その人の物でないとダメ、ということになると話は別です。

　はっきりしたストーカー行為である場合は、それが犯罪行為であって処罰の対象になるということを明確に伝えます。そして、可能であれば、被害者本人から、きっぱりと「ノー」を突きつけてもらうのがベストです。どうしても繰り返すようであれば、残念ながら、相応の処罰を受けて、自分の行動の結果を身をもって知ってもらうしかないでしょう。

　本人の関心を別の方向に向ける手段として、ポルノ雑誌などを与える、適当なパートナーを紹介する、といったことが提案されることもあるようですが、それは根本的な解決にはならないようです。他者を性的対象としてしか見ていないことに、変わりはないからです。

### ストーカーをしてしまったタダシくん

　タダシくんは、フリースクールに通う高校2年生です。知的レベルは、平均より少し低いくらいです。タダシくんは小学生のころから異性への興味が芽生えていて、ずっと年下の幼い女の子に声をかけて一緒に遊ぼうとすることが時々ありました。しかし家族はこういう行動をとくに気に留めず、なんの指導もしませんでした。

　最近のタダシくんは、フリースクールの高校1年生女子に好意を寄せるようになりました。今回はめでたくタダシくんの気持ちは受け入れられ、交際が始まりました。ところがその後わずか1カ月くらいで、雲行きが怪しくなってきました。タダシくんが片時も彼女から離れたくないあまり、彼女の行動をかなり束縛するのです。一日に何度も電話をかけてきたりLINEやメールを送ってきたりして、彼女からの返信がすぐにないと、返信があるまでしつこく連絡しつづけるのです。彼女が男女問わず他の友達と行動することも、タダシくんは気に入りませんでした。とにかく独占したいのです。

　ですから、彼女がちょっと息苦しくなって距離を置きたいと感じるようになったのも、無理のないことでした。でも、その気持ちを彼女はそれとなく匂わせるのですが、タダシくんは全然気がつきません。耐えられなく

> なった彼女は、交際開始3カ月後に、タダシくんに別れ話を切り出しました。タダシくんがひどく動揺したことは言うまでもありません。
> 　彼女のことをあきらめきれないタダシくんは、今まで以上にしつこくメールを送ったり、学校の彼女の席や靴箱に置き手紙をしたりして、とにかく関係を続けようとしました。それでも彼女から思うような反応が得られないと、彼女の自宅近辺でうろうろするようになりました。そして彼女の姿を見かけるとそっとあとをつけたり、声をかけたりしました。
> 　さすがに彼女は参ってしまって家族に相談し、その家族からタダシくんの両親に連絡が入りました。両親はタダシくんにこれまでのことを聞いてから、もうこういうことはやめるようにと諭しました。タダシくんはそのときは反省したように見えるのですが、数日経つとまた同じことを始めてしまいました。
> 　こういうことを何度か繰り返した後、結局タダシくんは他のフリースクールに転校することとなってしまいました。それでもまだ時々彼女の自宅に押しかけることはありましたが、それも次第にしなくなりました。

　これは、下手をすれば最悪な結果になってしまいかねないケースです。ここで注意しなければいけない自閉症特性は、興味関心事への極端な執着と、相手の気持ちのくみとりにくさです。この両者が相まって、彼女へのストーカー行為になってしまいました。
　今から思えば、小学生のころ幼女に接近していたときから何か指導しておけば、また違った思春期になっていたかもしれません。タダシくんは幼児期にすでに診断がついていたので、医療関係者や療育関係者としても、タダシくんとその家族にもっとしっかりと指導ができていれば、と悔やまれます。
　第4章の「6．自慰」で引用したアスペルガー症候群研究者のタンタム氏は、「アスペルガー症候群をもつ人は性に対する関心を明らかに示すこともありますが、関係をうまく築けることはめったにありません。もし性的関係を築けたとすれば、相手もアスペルガー症候群か自閉症をもっていないかぎり、誘惑する側ではなく誘惑される側であることがほ

とんどです」と述べています。これは裏返せば、自閉症者が誘惑する側に回ると、関係がうまくいきにくいということなのかもしれません。

> **ストーカーをしてしまったアズサさん**
>
> アズサさんの知的障害は中度で、小学校は特別支援学級に在籍し、中学校から特別支援学校に通っています。今高校1年生の彼女は、同じ靴ばかり履きたがるこだわりがあります。月経ナプキンを交換するタイミングもわからないなど、日常生活でまだまだ多くの支援が必要なのですが、そろそろ男子に興味をもつようになりました。そして、2年生の先輩男子に、つきまとうようになってしまったのです。休憩時間ごとに先輩の教室に行ったり、登下校で一緒になりたがったりします。最初は多少の好意をもってくれていた先輩も、これには参ってしまい、同級生や先生に相談しました。すると、アズサさんが先輩につきまとうたびに、学校のみんなが、「それは犯罪になるから」と注意してくれるようになりました。さすがのアズサさんも、自分がしていることに気づき、つきまといをやめました。

> **待ち伏せするツバサさん**
>
> ツバサさんは、知的障害は軽度ですがこだわりが強いタイプです。小さいころから、何か気になることがあるとそれが頭から離れません。
>
> 特別支援学校高等部を卒業して作業所に通うようになったツバサさんは、ある女性利用者をきらうようになりました。ツバサさんは「なぜか気に入らない」と言うだけですが、実は彼女に興味があるようにも見えます。その女性に直接話しかけたりはしないのですが、遠くから様子を伺っていたり、いつの間にかそれとなく女性の近くをウロウロしていたりする様子が見られていました。女性はそれをわかっていて、ちょっと居心地悪そうにしていました。見かねた職員が、ツバサさんと女性の作業場所を離してできるだけ接触しないようにしました。するとツバサさんは、終業時刻になると作業所の玄関で女性を待ち伏せするようになったのです。そして帰宅する女性の姿をずっと目で追っていたり、時には途中まで尾行したりしま

した。ツバサさんがあまりにしつこいので、女性は作業所をちょくちょく休むようになってしまいました。作業所職員は、やむを得ず、女性の通所スケジュールを変更して、ツバサさんのスケジュールとかぶらないようにしました。

お互いに同意した交際から始まったタダシくんのケースと違って、アズサさんやツバサさんのケースは、一方的な執着です。いずれのケースでも、相手にもハンディキャップがあるために自分で対処することは難しく、周囲が介入するしかありませんでした。ツバサさんの場合は、いくら指導しても改善しなかったので、物理的に引き離すしかありませんでした。

### ストーカーされるソウマさん

21歳のソウマさんの知的レベルは平均の下のほうで、障害者雇用を得て量販店のバックヤードで働いています。最近の若者らしく、ネットを通じていろんな人とやりとりするのを楽しんでいます。

ソウマさんは現在の職場に就職する前に職業訓練を受けていたのですが、そのときある女性と知り合いました。やはり発達障害のある同年代の女性で、当時よく話したりはしましたが、特別な関係というわけではありませんでした。その女性は、今は別のところで働いているらしいのですが、なぜかソウマさんの行動をよく知っていて、しかもそれをネット上で発信するのです。そのなかには、本当のこともありますが、なかにはソウマさんにはまったく身に覚えのない内容が書かれていることもあります。

困ったソウマさんは、ネットを通じて彼女にこういうことをやめるよう伝えましたが、事態は一向に変わりません。どうしていいかわからないソウマさんは、イライラする日が続き、1カ月くらい経ったとき、何か変だと思ったお母さんが尋ねました。すると、やっと今までのいきさつを話したのです。ずっとだれにも相談していないのでした。

お母さんがさっそく職業訓練校に連絡すると相手の女性に指導してくれて、女性の困った行動はなくなりました。

障害児・者は加害者になる確率よりも被害者になる確率のほうが高いと言われますが、障害者のなかにもさまざまな理由で人に対して悪意をもつ人はいます。被害を受けたとき、対処がなかなか難しいことがありますが、まずはだれかに相談できるスキルが最重要です。そしてその相談を受けた人も、自分一人で解決しようとはせず、さらに第三者の支援を得たほうがよい場合が多いようです。ソウマさんのケースも、ソウマさんの話を聞いたお母さんが相手女性に直接抗議すると、こじれていたかもしれません。

## 3．性的虐待

　虐待は、「身体的虐待」「性的虐待」「ネグレクト」「心理的虐待」に分類され、性的虐待とは、性的な接触、レイプ、性的写真撮影、他者の性行為への曝露などとされています。ストーカー行為同様、加害者から被害者への一方的な行為であり、その力関係が、加害者が強者で被害者が弱者となっているのが通常です。
　だれもが性的虐待の加害者になることも被害者になることもありますが、自閉症児・者はとくに被害者になる場合が多いようです。性的虐待にかぎらず、自閉症をはじめとする発達障害をもつ人が虐待の被害者になりやすいのには、いくつかの理由があります。その第一は、自閉症児・者は、日ごろ対人関係でうまくいかないことが多いので、人を喜ばせたい、人に逆らえないといった心理状態になることがあります。それで、たとえいやなことをされても、我慢してしまうことがあります。我慢しなくていいじゃないかと思われるかもしれませんが、そこには事情があるのです。虐待というと、ある日突然見知らぬ人から受けるものというイメージがあるかもしれませんが、実はそうではありません。虐待加害者は、被害者の身近にいる人であることのほうが多いのです。日ごろから接触がある人で、とくに好意を寄せていたりなんらかの世話を受

けていたりすると、その関係を維持するために、少々いやなことはがまんしようと思ってしまうことがあります。アスペルガー症候群当事者のメアリー・ニューポート氏は、次のように回想しています。

　思春期がきて、ある意味では助かりました。私の場合、色っぽい女の子になれたからです。容貌をみがくためなら、なんだってやったものです。中学三年のときに、同級生の反応が変わりはじめました。前ほどいじめられなくなったんです。でも一方で、思春期は大変な時期でもありました。大人が私とセックスしていたし、マリファナをくれたりもしてましたから。人間関係といえば、相手は大人ばかりでした。友だちにも、同年代の人はいませんでした。私はちやほやされましたが、それは幻だったし、私の半生でもとりわけ悲しいエピソードになりました。

　自閉症児・者が虐待被害者になりやすい理由の第二は、対人コミュニケーションの難しさがあるために、たとえ虐待を受けても、それをだれにも報告できないし報告したとしても信用されない（であろうと加害者が考える）ということです。これは、知的障害がある場合には、とくにそうです。そして第三に、なんらかの身体的ケアが必要な合併症がある場合、その身体的ケアの場面が、性的虐待の温床となりえます。

### 身体障害があるワコさん

　19歳のワコさんには、生まれつきの脳障害のために手足を自由に動かすことができない脳性麻痺があります。そのため、食事、洗面、排泄など生活全般にわたって介助が必要です。軽い自閉症傾向に加えて中等度の知的障害もあり、言葉でのやりとりは簡単な内容にかぎられています。思いどおりにならないと、興奮して大声を出すことがありました。

　ワコさんは、特別支援学校高等部を卒業した後、障害者のためのデイサービスに通っています。そこでは、支援員が身体的なケアをしてくれます。男性の支援員も女性の支援員もおり、排泄や月経に関すること以外は、ワコさんも男性支援員のケアを受けることがあります。男性が支援するとき

のワコさんはどことなくうれしそうにしていましたが、ワコさんも年ごろだからと思って職員はあまり気にしていませんでした。

　そんなワコさんがある日、男性支援員の一人とセックスしたと告白したので、大騒ぎになりました。デイサービス管理者が警察に通報し、ワコさんは病院で診察を受けました。ワコさんの通所はいったん中断され、ワコさん自身も、セックスしたとされる男性支援員も、警察の取り調べを受けました。その結果、これはワコさんの作り話であることがわかりました。「セックスしたいと思ったからそう言った」とワコさんは打ち明けました。実はワコさんは、これまでにも、「○○さんに○○された」と、事実とは違う発言をすることがよくあったのでした。

　このケースは性的虐待の事実はありませんでしたが、身体的ケアが絡む状況は、要注意です。性的にデリケートな介助は同性の介助者が行うことが多いと思いますが、同性どうしであっても性的虐待が起こりうることは言うまでもありません。

　性的虐待の被害者にならないために必要なことは、それぞれ第4章の「8．恋愛・男女交際」と「3．ボディタッチ」で述べた、同意の重要性の理解と、プライベートゾーンの理解です。健全な性的関係は、必ず両者の同意のもとに成り立ちます。どういう状況で「ノー」とはっきり言うべきかを、日ごろから伝えておく必要があります。性的被害予防のためのプライベートゾーン理解の重要性については、第4章で述べたとおりです。

　十分な知的能力があれば、人権について一緒に考えておくことも必要でしょう。また、「このことをだれにも話してはいけない」などと口止めされたら、そのときに行われる行為はいけないことで、むしろだれかに報告しなければいけないことなのだということを、伝えておくのもよいかもしれません。第3章の「1．思春期のからだ」で述べたとおり、身体各部の正しい名称を知っていることは、この報告の際に役立ちます。

　支援者は、性的虐待の兆候を知っておく必要があります。身体的な兆候としては、下着の破れや汚れや血痕、性器の痛みやかゆみ、性器周辺

の外傷などがあります。行動的な兆候としては、以前よりも消極的になる、赤ちゃんがえりする、閉じこもる、登校を拒否する、運動を回避する、何か言おうとしてやめる、といったことがあります。さらに、年齢にふさわしくないような性的な行動や関心を示すことがあります。たとえば、性交について知っているはずもない年齢の子が、お人形遊びのなかで、いかにも男女の性交のような場面を再現します。こういう場合は、そのような場面をどこかで見聞きしたことがあるのかどうか尋ねてみましょう。もちろん、以上の兆候のどれかひとつがあったからといってすぐに性的虐待を疑うわけではなく、総合的に判断する必要があります。

> **露出するサツキさん**
>
> 　サツキさんは小学5年生で、通常学級に在籍しています。幼児期に見られた自閉症特性は、今はあまり目立たなくなっていて、知的障害もありません。
> 　最近胸も大きくなってきて、女性らしいからだつきになってきたサツキさんが、人前で胸を出したり下着を見せたりするようになり、学校で問題になりました。見せる相手は男性だけなので、どうも性的な意図がありそうでした。養護教諭がサツキさんと面談して、人前で胸や下半身を出すのは恥ずかしいことと説明し、逆に、だれかが人前で裸になるのを見たことがあるのかと尋ねました。するとサツキさんは、家でお父さんとお母さんが裸になって一緒に寝ているのを見た、と話しました。

　前述したように、他者の性行為への暴露も性的虐待に該当します。サツキさんは、両親の性行為を目撃したのでした。ただし、そういう場面を一度目撃しただけでサツキさんのような行動に結びつくとはかぎりません。むしろ、子どもに見られるような状況で性行為をする両親であれば、普段から節度ある生活を送っていない可能性が高く、そういう生活のなかで育ったサツキさんが、年齢不相応のふるまいを身につけたと考えるほうが自然でしょう。

性的虐待被害の予防に万全を期すべきですが、万が一被害にあってしまった場合の対応についても知っておかねばなりません。まずは、被害者本人の報告を聞くときの心がまえです。できるだけ平静を保って、我慢強く聞かねばなりません。先を急いだりせずに、十分時間を与えてあげてください。「○○されたんじゃないの？」といったような、誘導尋問的質問は極力避けるべきです。そして、報告の内容を、できるだけ逐語的に記録しておきます。報告を聞き終えたら、報告してくれたのは適切だったということ、これから何をすればよいのかということ、そして——これが大切ですが——起こってしまったことに関して本人に責任はないということを伝えてあげてください。もし、産婦人科などで診察を受ける必要があるなら、そこで何が行われるかも話しておいてあげる必要があります。何か「証拠」となるような物があれば、もちろん、きちんと保管しましょう。

　支援者が気をつけなければいけないことはなんでしょうか。動揺、恐怖、怒りをあからさまにしてはいけません。被害者本人が報告してくれたことに対して、勝手なコメントをしたり、勝手な判断を下したりしてはいけません。「このことはだれにも言わないからね」なんて約束をしてはいけません。そして、間違っても、報告を受けた支援者が、直接加害者と対峙しようなんて思ってはいけません。

### 年上の女子に触られたマサタカくん

　軽度知的障害があるマサタカくんは、保育園の年長さんです。言葉でのやりとりはまだまだ難しくて、聞かれたことにちゃんと答えられないのですが、明るい性格でみんなに好かれています。

　ある日、マサタカくんが妙にパンツのなかを覗いて気にしていることにお母さんが気づきました。聞いてみると、「おねえちゃん、チンチン」と言うのですが、よくわかりません。詳しく聞こうとすると、マサタカくんがいきなりパンツを下ろして性器を出しました。そして「おねえちゃん、おねえちゃん」と繰り返すのです。ここでピンときたお母さんは、「どのおね

えちゃん？」と尋ねました。
　どうやら、近所の顔見知りの小学5年生の女の子に、性器を触られたようです。マサタカくんのお母さんが女の子のお母さんに連絡すると、その女の子はお母さんに聞かれてすぐに告白しました。おちんちんが見たかったから、見せてくれそうなマサタカくんに声をかけたと言うのです。
　ところが、その女の子のお母さんは、謝罪こそしたものの、「子どもどうしのことだから」と言ってそれ以上の話し合いは拒否しました。マサタカくんのお母さんもどうしていいかわからず、このことはその後うやむやになってしまいました。その後、マサタカくんが女子を見て怖がるようなことはありません。

　残念ですが、こういうことは十分に起こりえます。被害者にならないよう気をつけることも重要ですが、被害者になってしまったときにそれをちゃんとだれかに伝えることも重要です。そのためには、普段から、プライベートゾーンの大切さや、からだの各部位の名称についても、できるだけ親子で話題にしておくことが必要です。

　こういういやな出来事のあとでそれに関連したことを避けようとする（たとえば女性をいやがるなど）様子が子どもにあれば、外傷後ストレス障害（PTSD）を心配しなければいけません。PTSDというのは、極度の恐怖や不安にさらされる事件や事故の後、そのことを思い出して不安におびえたり、同じことがまた起こっているかのような錯覚を起こしたりして、生活に支障を来してしまうものです。マサタカくんの場合、幸いそういう心配はありませんでした。

### きょうだいが被害にあったソウスケくん

　ソウスケくんは小学6年生で、知的レベルは平均的です。学校の勉強もがんばっていますし、大好きなダンス教室でも下級生を教えられるくらいです。3年生の妹のことをとくにかわいがっていて、4年生になったら妹もダンス教室に入ってくるのをとても楽しみにしています。

でも、とても悲しいことが起こってしまいました。近所の見知らぬ男性に、妹がいたずらをされてしまったのです。友達と一緒にいたところをうまく誘い出されて、近所の公園のトイレで裸にされ、からだじゅう触られてしまいました。妹が大声を出したのでそれ以上はエスカレートせず、居合わせた人が警察に通報して、男性は逮捕されました。警官から連絡を受けた両親は、警察で泣きじゃくる妹と再会しました。このときソウスケくんはまだ学校にいて、事件のことは全然知りませんでした。
　ソウスケくんはまだ携帯電話をもっていないので、両親はおばあちゃんに事情を話して、自宅でソウスケくんを迎えてもらいました。おばあちゃんはソウスケくんに、両親と妹は用事があって出かけているとだけ話しましたが、ソウスケくんはなんか変だなと思いました。
　夜遅く帰ってきた両親は、ソウスケくんに、妹が知らない人に誘拐されかけた、とだけ話しました。ソウスケくんは驚きましたが、妹が無事だったので安心し、それ以上は何も聞きませんでした。
　この事件はそれで終わったのですが、何しろ近所で起きたことなので、うわさは少しずつ広まってしまったようです。そして、事件から2週間たったある日、いつものダンス教室で、ソウスケくんは同級生から事件の真相を知らされてしまいました。うわさを聞いたその同級生の保護者が、その子に話してしまったようです。保護者は口止めをしておいたようなのですが……。
　真相を知ったソウスケくんは、胸を痛めると同時に悩みました。両親からは何も直接聞いてはいないので、尋ねていいものかどうか。一方両親は、ソウスケくんにいつどんな形で真相を伝えるべきなのか、あるいは、もうずっと伝えないほうがいいのか、悩みつづけていたのでした。

　ソウスケくんは、間接的な被害者と言えるでしょう。大人の目は、当然のこととはいえ、直接の被害者である妹のほうに向きがちです。学校も、妹のこころのケアのために動いてくれましたが、ソウスケくんは知的問題もなくむしろ普段からしっかり者の印象が強いせいか、あまり心配されませんでした。でも、このケースでも明らかなように、静かに悩んでいることを周囲の大人は見逃してはいけません。加えて、どこからどんな情報がどんな形で入るかということも、想定する必要がありま

第5章　性にまつわる話題　●　159

す。
　筆者の考えでは、ソウスケくんのような子どもであれば、あまり隠そうとしないほうがよいと思います。変に心配しすぎて秘密を作ってしまうと、ソウスケくんと両親との信頼関係にも影響がおよびかねません。

> **チアキさんの目の前でいちゃつくお母さん**
>
> 　チアキさんは、特別支援学校に通う高校2年生。知的障害は軽度で、自閉症特性もあまり強くないタイプです。お母さんは、チアキさんのお父さんとはずっと前に離婚し、今はシングルマザーです。でも今、お母さんに彼氏ができて、時々家に遊びに来ます。
> 　チアキさんのお母さんはもともと奔放な性格で、娘であるチアキさんの目の前でも彼氏とベッタリなのです。からだを寄せ合うくらいは序の口で、時には家族での食事中にキスをすることもあります。お母さんが彼氏に、「今晩一緒にお風呂に入ろ〜♪」なんて言ったりするのを見ると、チアキさんはなんとも言えない気持ちになって、目を背けてしまいます。
> 　ある日チアキさんは、お母さんに自分の気持ちをはっきり言いました。娘の前でああいうことをして欲しくないこと、そして、チアキさんは最初からこの彼氏を好きになれないことを伝えたのです。お母さんは、「だって、今のお母さんの給料じゃ生活できんから、あの人に稼いでもらってお金を入れてもらわないと。そのためには、仕方ないから我慢して」と言うのです。
> 　チアキさんのつらい生活は、その後チアキさんが自分のパートナーを見つけて家を出るまで続きました。

　保護者の性的な言動を子どもに見せることも、性的虐待に当たります。チアキさんのお母さんの行動は、明らかに不適切な性的行動とまでは言えないかもしれません（この辺の判断には、社会文化的背景も考慮に入れる必要があります）が、虐待に当たるにせよ当たらないにせよ、娘であるチアキさんにとってよくないことは確かです。せめて、チアキさんがお母さんを反面教師として何かを学んでくれることを期待したいと思いま

す。

> **職場でレイプされたレイナさん**
>
> 　レイナさんは23歳で、特別支援学校を卒業してから作業所に通っています。知的障害は中度で、多少のやりとりはできますが、物事の理解力は十分でなく、自分の身のまわりのこともかなり手助けが必要です。男性との交際経験はなく、家庭でそういうことが話題になることもありませんでした。
> 　レイナさんが通所している作業所に、レイナさんによく話しかけてくる20代男性がいました。軽度知的障害がある人で、作業所ではレイナさんよりも数年先輩でした。レイナさんも、とくに何も思わずにその男性と気軽に話し、2人でいる姿がよく見られるようになりました。
> 　そんなある日、レイナさんと男性が2人で、普段使ってない部屋に入っていくのを別の利用者が目撃しました。何かおかしいと思ったその利用者はすぐその部屋に行って開けようとしましたが、なかから鍵がかかっていて開きません。そこで急いで、作業所の職員に知らせました。
> 　職員が部屋の鍵を開けたとき、もうことは終わったあとでした。下着を脱がされたレイナさんは、何があったのかわからないというふうにポカンとしていましたが、彼女が抵抗した様子はありませんでした。
> 　男性はただちに退所させられました。レイナさんは、妊娠してしまいました。

　レイナさんは、性についてなんの予備知識もなかったために、不幸な結果になってしまいました。早いうちからの性ガイダンスが望まれます。

> **職場でセクハラを受けるアカネさん**
>
> 　22歳のアカネさんは自閉症スペクトラム障害と診断されてはいますが、その特性は比較的軽度で知的障害もなく、短大を卒業後、建設会社で事務職に就いています。

第5章　性にまつわる話題　●　161

特性が軽度とはいえ対人関係で悩むことが多かったアカネさんは、高校生のころから、時々カウンセリングを受けていました。いつものようにカウンセリングに訪れたアカネさんは、主に仕事のことを話しました。仕事にはもう慣れたけど人手がなくて大変とか、時々上司が面倒な仕事をやらせるとかいった話の流れで、いやがらせを言う上司がいるという話になりました。
　その上司は、女子社員をつかまえては、「結婚せんのか？」とか「下着は何色や？」とか言うのです。「セクハラ上司」として女子社員にはきらわれているんだと話すのですが、アカネさん自身はそんなに深刻な様子はありません。むしろ、その上司についての苦情をお互いに言い合っている年配女子社員の様子をおもしろがる感じでした。カウンセラーが、「あなたはそういうこと言われてどんな気持ちですか？」と尋ねると、「まあ、いい気持ちはしないけど、テキトーにスルーしてますから」と、軽いノリで答えるアカネさんでした。

　この上司の発言は明らかに不適切です。それをアカネさんはあまり気にしていない様子なので、とくに目くじら立てることはないのかもしれませんが、これも見ようによっては、自閉症特性としての状況の読めなさの表れかもしれません。事態の深刻度がピンときていないのです。他の女性社員が真剣に苦情を言い合う様子をおもしろがっているのも、空気が読めていないのでしょう。こういうときは、本人が感じるよりも事態は深刻なのだということを、周囲が教えてあげてもよいでしょう。でないと、将来、相当に深刻な事態にも気づかないかもしれません。このように、自閉症特性をもつ人の場合、事態が深刻化する以前からの指導が大切になります。性的問題にかぎらず、なんらかの大問題の裏には、それが大問題に発生する以前の準備段階とも言えるプロセスがあるからです。(「ヒヤリ・ハット」がそのよい例です。)

## 4．LGBTQ（セクシュアル・マイノリティー）

　この見出しを見て、なんのことかすぐおわかりでしょうか？「LGBT」まではご存知でも、「Q」はなんだろうと思われるかもしれませんね。その説明に入る前に、人間の性に関わる3つの要素をご紹介します。第一は「性同一性」です。自分は女なのか男なのかという意識のことです。第二は「性表現」です。女としてふるまうのか男としてふるまうのかということです。以上の2要素は、大多数の人の場合一致しますが、いわゆる「女装家」のように一致しない場合もあります。第三は「性指向性」です。性的魅力を異性に対して感じるか同性に対して感じるかということです。

　さて、見出しに戻ると、「L」はLesbian（レスビアン）で、女性同性愛を指します。「G」はGay（ゲイ）で、男性同性愛を指します。ただし、性別にかかわらず同性愛全般を指すこともあります。「B」はBisexual（バイセクシュアル）で、男女どちらも愛せることを指します。以上はいずれも、「性指向性」のさまざまなタイプということになります。「T」はTransgender（トランスジェンダー）のことで、生まれついた性とは異なる性で生きていることを指します。つまり、男性として生まれたけど女性として生きている人と、女性として生まれたけど男性として生きている人を指すわけです。これは、「性同一性」の問題になります。「Q」は2つの意味があり、Queer（クィア）またはQuestioning（クエスチョニング）です。クィアという言葉の本来の意味は、「風変わりな」ということです。そこで、性別に関する文脈では、LGBTなどのいわゆるセクシュアル・マイノリティー全般を指すことがあります。一昔前には、同性愛は精神異常と考えられていた時期もありましたが、今はそうではなく、むしろ「風変わり」なだけだという、当事者たちの誇りすら感じられる表現です。クエスチョニングのほうは、本来は「疑問を呈する」という意味であり、ここでは、自分の性のありように関して、模索中であ

るということです。

　まずは、レスビアン、ゲイ、バイセクシュアルについてです。同性愛全般をホモセクシュアルと呼ぶこともあり、これに対して、異性愛はヘテロセクシュアルと呼ばれます。最近は、同性愛はすっかり市民権を得て、同性婚が公的に認められるところまで進んできました。しかしマイノリティーであることは確かだし、偏見も少なくありません。また、挙子の問題だけは、男女の生物学的な違いは如何ともしがたいので、異性婚と同様というわけにはゆきません。それでもやはり、同性どうしの愛情生活は、異性間のそれと本質的に変わりはないようです。本書では、便宜上、各所で「異性関係」「男女関係（男女交際）」と書いていますが（たとえば第4章の見出し「8．恋愛・男女交際」）、その多くが同性関係にも当てはまることをここでお断りしておきます。

　トランスジェンダーは、性同一性の問題です。通常、自分が男か女かという意識は幼児期には定着し、大部分の人においてその意識は生まれつきの生物学的性別と一致します。これに対して、トランスジェンダーの人は、子どもも大人も、自分の生物学的性に対して違和感をもちます。（自分の生物学的性に対する違和感がない場合はシスジェンダーといいます。）そして、そのことをはっきりと言葉で表明したり、自分の性に一般的でない服装をしたりふるまい方をしたりします。また、異性のことを羨ましがります。

　医学界では、トランスジェンダーを個性の一部とみなす立場と病的なものとみなす立場とがあり、異なる考えが表明されているのが現状です。たとえば、2018年6月18日に発表されたWHO（世界保健機関）の最新の『国際疾病分類 第11改訂版』（ICD-11）では「性別不合（Gender Incongruence: 本稿執筆時点で正式な訳語は未定）」という「状態（condition）」とされていて、「疾病（disease）」にも「障害（disorder）」にもなっていません。それでも「疾病分類」のなかに位置づけられているという、とても複雑な扱いになっています。一方、病的なものとみなす場合、「性別違和」と呼ばれ、精神疾患のひとつに位置づけられることがあります。出生時

の性が、女性よりも男性のケースが多いようです。この診断が確定すると、ホルモン治療や手術によって、希望する性への転換が行われることがあります。性別違和で医療機関を受診するケースは、自閉症スペクトラム障害の合併率が高いと言われています。本書では、性別違和を障害として認識する立場をとることにします。あとで紹介するように、そのことで苦痛を感じて医療を求めるケースがあるからです。

　ひとつ押さえておきたい、非常に重要なことがあります。それは、同性愛の問題も性同一性の問題も、成長過程で一時的にみられることがあり、それは必ずしも病的なものではないということです。そして、そういう経験をする人がすべて、将来成人してから同性愛や性同一性の問題を抱えるようになるものでもありません。たとえば、子どものころ、同性どうしなのに、手と手が触れあってドキッとした、という経験をもつ人は、少なくないでしょう。これは、健康な成長過程でみられる、まったく正常なことなのです。

　自閉症とセクシュアル・マイノリティーとの関係はどうでしょうか。最近、自閉症児・者にはセクシュアル・マイノリティーが多くみられるのかという問題が、精神医学界で議論されています。筆者が自閉症児・者と接する機会が多いためか、臨床現場での印象では、とくに性同一性の問題に悩む人は多いような気がします。実際海外では、トランスジェンダー成人の5〜20パーセントの人は、自閉症スペクトラム障害をもっているというデータもあり、性別違和感を訴える自閉症者の診療ガイドラインが作成されているくらいです。もしセクシュアル・マイノリティーと自閉症とに関連があるなら、それはいったいなぜなのでしょうか。

　第一に、自閉症特性としての社会性が挙げられます。自閉症児・者は、よくも悪くも、人目を気にしなかったり、社会規範に縛られなかったりします。そこで、セクシュアル・マイノリティーであることを公言（カミングアウト）することに抵抗感が少ないのかもしれません。性教育研究者であるエノー氏も、「社会規範に対する意識が希薄で、特定の集団に所属しないといけないというプレッシャーをそれほど感じないのです。

(中略)したがって、アスペルガー症候群をもつ人は、社会における標準的なありようよりも、自分自身の感性に従おうとするのです」と述べています。そのため、セクシュアル・マイノリティーの割合が高いわけではなくても、周囲の目には、そういう人が多いように映るのかもしれません。第二に、これは筆者の印象ですが、自閉症特性としてのこだわりに関係することがあるようです。つまり、自分は同性愛だとか、自分は実は男性（女性）なんだとか、こだわりのように思いこんでしまっているケースもあるように感じます。だからこういう場合は、真のセクシュアル・マイノリティーではないわけです。こういう人たちは、たとえば男性であれば、必要以上に女性っぽいしぐさをしたりします。本当の女性ですらそこまでしないと思えるくらい、女性らしい言い回しばかり使ったり、からだをなよなよっと動かしたりするので、どこか不自然です。ただしもちろん、こういう場合でも、「真の」セクシュアル・マイノリティーである可能性をこれだけで否定できるわけではありません。ですから、その診断は性別違和の専門家に任せることにしています。（以上のほかに、子宮内でのホルモン曝露が、自閉症と性別違和とに関係しているという研究報告があります。）

　では、もし、あなたが関わっている自閉症児・者が、本当に同性愛であったり性別違和であったりしたら、どうすればよいのでしょう？　答えはひとつ、受け入れるしかありません。同性愛の人や、生まれつきの性とは違う性で生きることを選択した人を、医学的な治療などで変えることはできません。また、変える必要もありません。アメリカでは、同性愛を異性愛に転換させる、「コンヴァージョン・セラピー」なるものが今でも問題になっていて、これを禁止する動きが広まりつつあります。先述したように、現在は、同性愛は異常とみなされませんし、性同一性に関しても、本人がそれで悩んだり生活に支障が生じたりすることがなければ病的なものとはみなされなくなりつつあります。

　セクシュアル・マイノリティーであることを変えさせる必要はありませんが、自閉症児・者がセクシュアル・マイノリティーである場合の心

理は、ぜひ理解してあげねばなりません。まず、自閉症をもっているという時点ですでに、マイノリティーなのです。そこに性の問題が絡むと、二重の意味でマイノリティーになってしまうわけです。第3章の、「2. 思春期のこころ」で述べたことを思い出してみてください。思春期は、「みんなと同じ」であることが、何より大切なのです。そして、思春期にかぎらず、いつだって、自分が他人と大きく違ってしまうことは、大問題なのです。ところが、自閉症にセクシュアル・マイノリティーがプラスされることによって、二重の違いになるわけです。また、セクシュアル・マイノリティーであること自体がメンタルな問題のリスクを高めることがわかっており、最近の研究でも、自身の性別に違和感を抱く子どもは、情緒的な問題や行動上の問題を呈する率が高いことが確認されています。そして、自閉症をもっていること自体も、メンタルな問題のリスクとなります。ですから、自閉症とセクシュアル・マイノリティーという二重の違いを抱えた子どもや成人においては、そのリスクはさらに高いと思われます。

　本章の「1. メディア・SNS」でご紹介した、アスペルガー症候群当事者ニック・ドゥビン氏も、この「二重の違い」に苦しみました。彼の自伝から引用します。自伝のなかで、筆者（田宮）にとってもっとも印象深かった一節です。

　　僕自身の性的指向についてこれらの感情をもつことは、とても苦しいことでした。そもそも、奇妙に聞こえるかもしれませんが、僕自身のなかに性的な面があるということ自体を受け入れることからして困難だったのです。（中略）僕は性と無縁の存在になりたいと思いました。別の言葉で言えば、僕は僕自身を、それからすべての性的な衝動を否定したかったのです。こういった衝動は僕を混乱させるだけでした。普通に社会生活を送るだけでも十分大変なのに、性という、よけいに厄介なものをさらに上乗せされるなんて。

　　だけど、僕は性をもった存在であり、いろんな空想や関心をもつことは否定できません。僕は大人の身体のなかで生きているのです。僕が感

じている性欲を消し去ることができないことはわかっているのですけど、それが僕にとっては大問題なのです。

「普通に社会生活を送るだけでも十分大変なのに、性という、よけいに厄介なものをさらに上乗せされるなんて」という叫びが痛切に響きます。すべての自閉症児・者がこの叫びをこうして言葉にできるわけではありませんが、この叫びに答えることができるような支援を目指したいと思います。

## 4-1. 一時的なものかもしれない

**同性愛者かどうかが不安なモトキさん**

　モトキさんはもう成人していて、仕事もしています。知的障害はないのですが、子どものころは学校生活に全然なじめませんでした。それで不登校になって通院を始め、高校はフリースクールに通いました。その当時から、アスペルガー症候群という自分の診断名を知っていて、人づきあいが苦手だということを自覚していました。多動の薬ものんでいます。
　そういうモトキさんにも高校卒業後に親友ができました。趣味のアニメで意気投合したのがそのきっかけで、時々お互いの家に遊びに行くくらいなかよくなりました。それはよかったのですが、その当時のある日の診察で、その関係が不安だと言うのです。よく聞くと、その親友と会えないと恋しくなる、会っているときにたまたまからだが触れるとちょっとドキッとする、親友が他の男子と親しくしているとやきもちを焼いてしまう、これって、自分は同性愛なんだろうか、と話してくれました。これに応じて、男性主治医は、この時期に男子どうしでこういう気持ちになるのはよくあるということ、モトキさんが同性愛かどうかはまだわからないこと、もしそうであってもそれは病気とは言えないこと、を説明しました。同時に、モトキさんの了承を得てお母さんにも同じことを説明し、もし今後モトキさんが本当に同性愛者だと判明したら、それは受け入れましょうと話しました。

> その後1〜2年のあいだモトキさんの不安は続きましたが、最近はその親友と会う機会が減ったこともあってか、こういう不安を口にすることはなく、主治医が尋ねてみると、「あ〜、そんなこともありましたね」と言っています。

　このケースは、説明はあまり必要でないでしょう。男性主治医の説明どおりです。思春期を迎えた男子が、一時的に同性愛的な感情を経験することはよくあります。しかしそれは成長途上での現象であって、最終的に同性愛者となるかどうかは別問題です。そのことを理解していないと必要以上に不安になってしまうので、きちんと説明しておいてあげることが大切です。

　以上のことは、発達障害の有無にかかわらず同じですが、モトキさんのケースで特徴的と思われる点がいくつかあります。第1点は、一過性の同性愛的な感情を経験した年齢が、やや遅めであるということです。こういうことは一般的に、中学高校時代に経験することが多いようです。自閉症特性を持つ人は、性的な面も含めて社会性の発達が遅れる傾向があるため、モトキさんの場合も少し遅咲きの経験となったのでしょう。この点について、アメリカの教育心理学者サリヴァン氏らは、自閉症児の場合、「青年期特有の感情変化や性欲亢進の時期が、遅れたり長引いたりすることがある」と述べています。

　第2点は、モトキさんは自分にはアスペルガー症候群があるということを知っていて、自分が「特殊」な存在であると感じていたという点です。そこに同性愛という新たな特殊性が加わることはさらに不安を増長したことでしょうし、やっとできた親友が実は同性愛の対象だったということになれば、がっかりだったのかもしれません。

### 女になりたいと言って女装するタロウくん

　知的障害がないいわゆる高機能タイプのタロウくんは、公立高校3年生

です。シングルマザーのお母さんと妹との生活なのですが、いつからかタロウくんが、お母さんの服を着たがるようになり、「僕は女だ」とまで言ったのです。ただ、今後ずっと男として生きたいのか女として生きたいのかは、自分でもわからないそうです。今でも家以外では、普通に男として生活しています。今まで女子を好きになったことはないようです。

お母さんは、あまり驚きませんでした。というのは、お母さんにも以前、自分が男なのか女なのかわからない時期があったからです。だからお母さんには、タロウくんが男女どちらとして生きる道を選んでも、それを受け入れる心の準備はできていました。

ただその後、タロウくんはこのことを自然に口にしなくなりました。女装もしなくなりました。

タロウくんは、はっきりと女性になりたいと明かして女装しています。しかし、それをだれにも止められたり咎められたりしたわけではないのですが、自然に口にしなくなり、女装もしなくなりました。今後タロウくんがどういう方向にいくのかわかりませんが、こういう一時的な性同一性の混乱が、とくに自閉症児・者でどのくらいみられるのか、これからの研究が待たれます。

### 「オネエ」のシュンスケくん

シュンスケくんは小学3年生で、知的障害は軽度です。学習はなかなか難しいのですが、通常学級在籍です。お母さんはシングルマザーです。シュンスケくんはある時期から、自分で「ぼくは、心は女」なんて言うようになりました。ふるまいも女性っぽくなって、「いやねえ」などと言ったり、語尾に「〜のよ」や「〜わね」とつけたりします。相手が大人でも子どもでも、キスやハグをしたがります。相手は男性でも女性でもよいようです。診察のとき、別れ際に男性主治医に抱きついたこともありました。実際にはしませんが、お母さんのスカートをはきたいとも言います。

お母さんは心配ながらも見守っていましたが、4年生になるころには、だれにでもベタベタしたがるところはあいかわらずですが、女性っぽいこ

とは言わなくなっていました。ただ、暗闇をやたらと怖がったり、お母さんと離れるのをいやがったりするようになりました。

シュンスケくんの女性っぽさは、一時的なものだったようです。このように、これくらいの年齢での性同一性の混乱状態は、永続的なものとはかぎりません。シュンスケくんの場合は、相手の年齢性別かまわずベタベタしたがっていたところを見ると、性の問題というより、一種の幼児返りだという見方もできます。これはなんらかのストレスのサインかもしれません。現に、女性っぽい言動が影を潜めたかと思うと、不安症状が目立ってきています。シュンスケくんの場合、ひょっとしたら学習の難しさがストレスになってきた可能性もあります。

## 4-2．感覚特性が関連する場合

### お母さんのスカートをはくユウキくん

コウキくんは、特別支援学校在籍の高校1年生で、重度の知的障害があります。言葉のやりとりはほぼオウム返しだけで、意味のある会話はあまりできません。小さいころから、特定のハンカチやタオルをつねにもっておきたがる傾向がみられていました。

高校生になって以来時々、コウキくんがズボンの代わりにお母さんのスカートをはきたがるようになりました。タンスから勝手に出してきて、いつの間にかはいているのです。でもズボンがいやなわけでもなく、登校するときはちゃんとズボンです。どういうときにスカートをはきたくなるのか、両親にはよくわかりません。勝手にお母さんのスカートをはいてはだめだと注意され、脱ぐように促されるととくに抵抗はしません。でもまた次の日にははいていたりします。それ以外に、女性性がうかがわれるような行動をコウキくんがすることはありません。

コウキくんの言語能力が十分でないことから、お母さんのスカートを

はく真の理由は不明です。おそらくは、小さいころから特定の肌触りを好む感覚特性がみられているので、スカートをはく感覚を求めているのかもしれません。これ以外には女性的行動がみられていないことからも、コウキくんの性同一性が混乱しているのではなさそうです。

## 4-3. 独特の興味やこだわりが関連する場合

### かわいいグッズをもちたがるリョウタロウくん

　小学3年生のリョウタロウくんは、軽度知的障害の他に、いわゆる選択性緘黙(かんもく)があり、家以外では言葉を発しません。それでも、絵カードなどを使ってのコミュニケーションはある程度できます。(選択性緘黙については、第2章「自閉症スペクトラム障害の特性」を参照してください。)
　今お母さんが心配なのは、リョウタロウくんがやたらと女の子っぽいものに興味を示すということです。女の子が好むようなかわいい文房具やお人形が好きだし、一番好きな色はピンクです。髪の毛にリボンをつけたがることもあります。家でお母さんとの会話はできるので聞いてみると、「かわいいのが好き」というだけで、女の子になりたいわけでもなければ男の子であるのがいやなわけでもないと言います。でも友達は女の子ばかりで、好きな遊びはままごとなのです。
　リョウタロウくんの同居家族はシングルマザーのお母さんとお姉さんだけなので、家族に男性がいないのが原因だろうかとお母さんは悩んでいるようです。

　リョウタロウくんが本当に性同一性の問題を抱えているのかどうかは、現時点ではわかりません。とくに、自閉症特性があると、一般的な同年代の子どもとは違うものに興味を示すことがあるので、リョウタロウくんのかわいいもの好きもそういう性質のものなのかもしれません。いずれにしても今のところは、リョウタロウくんのこういう好みや行動を否定する必要はなく、様子を見ておいてよいのではないでしょうか。

### 自分は女であると言うスグルくん

　高校生のスグルくんは、幼児期に高機能自閉症と診断されました。知的障害はなく、今は普通高校2年生です。こだわりが非常に強いことと、時々からだの具合をとても気にすることがあるのが、小さいころからスグルくんの特徴でした。

　スグルくんが自分は女ではないかと言うようになったのは、高校に入ったころからです。厳密に言うと、男ではないのではないかと言うのです。ひげが生えてきたことや、性器周辺の感覚に違和感があると言い、女装したら気持ちが落ち着くとのことなのです。そして、高校2年生になったころから、実際に女装して外出するようになりました。登校するときは、女装のこともあるし普通の格好のこともあります。学校の生徒も先生も、今までのスグルくんのちょっと「ぶっ飛んだ」言動には慣れていたので、意外にもあまり驚いてないようです。

　しかし両親は大変心配で、せめて女装はやめるようスグルくんを説得しようとしましたが、頑として聞き入れません。それどころか、あまりしつこく言われると暴れるようになってしまいました。それで家族はすっかり困ってしまって、スグルくんはひさしぶりに病院を受診することになりました。

　受診時、スグルくんはスカートをはいて髪はピンで留め、裏声のような高い声で話しました。自分のからだが男であることに違和感を覚えていて、実は自分は女だと思う、でもこれから男として生きていくのがいいのか女として生きていくのがいいのかわからない、と話しました。家族も交えて主治医と話し合った結果、近隣の別のクリニックで、性別違和の専門家の診察を受けることになりました。数回専門家を受診した結果、診断は、「性別違和というよりは、自閉的なこだわりの表れではないか」ということでした。でもスグルくんは、自分はまだ女性だと言い張り、以前と同じようにふるまっています。

　このケースが真の性別違和か否かは難しいところかもしれませんが、専門家に診断されたとおり、自閉症特性の表れと考えても矛盾しません。スグルくんが感じた、男性性に対する違和感というのは、思春期を迎え

たからだの変化に対する反応でしょう。男らしい筋肉質のからだになってひげも生えて声も変わり、性器とその周辺にも変化が見られる……。自分の体調にもともと敏感だったスグルくんは、これら第二次性徴に対する戸惑いが非常に大きく、彼なりの解釈として、この違和感の原因は性別違和ではないかと考えたようです。一度そう感じてしまうと、そこに生来のこだわりの強さが加わって、揺るがない確信にまで至ってしまったのではないでしょうか。なお、第3章「1．思春期のからだ」で紹介したショウキくんの例と比較してみてください。

> **男子に見られたいミホさん**
>
> 　中学2年生のミホさんは、知的障害はありません。普通の女子として学校生活を送っていますが、実は男子になりたいようです。正確には、男子に見られたいと言うのです。ただ、「オッパイと生理はいらない」と言うものの、「チンチン」はなくてもいいそうです。髪型は短くてどちらかというと男性的ですが、とくに男っぽくふるまったり、明らかに男性的な服を着たりはしません。ちょっとボーイッシュな女の子、というのが今のミホさんの印象です。ミホさんが、こういう言動で周囲を困らせたりすることはありません。女子に対して恋愛感情をもったりはしないそうです。

　ミホさんも、スグルくん同様、どんどん女性的になる自分のからだに違和感があるのでしょう。ただ、その表現の仕方は、スグルくんほど極端ではありませんし、心理的な女性性を否定してはいません。

## 4－4．同性の性的接触

> **同性の性的接触**
>
> 　20代のノリオミさんは軽度知的障害と自閉症があり、施設で生活しています。同じ施設を利用しているやはり20代で中度知的障害の男性と仲がよ

く、一緒にいる姿がよく見られていました。しかしこれまでとくに、問題視されるような行動は表面化していませんでした。

　ところがある日、ノリオミさんの部屋を職員が訪れたところ、この２人が一緒に寝て、お互いの下半身を触りあっているところが目撃されました。どちらも、服は着ていました。事情を聴くと、ノリオミさんは、以前からよくふざけてお互いのからだを触りあっているうちにエスカレートしたと言います。また相手の男性は、いやだったけど断り切れなかったと話しました。さらに、この件に関して職員の話し合いがもたれた際、数人の職員は、２人が互いのからだを触りあう場面をこれまで目撃しながら黙認していたことがわかりました。同性だから問題視しなかった、とのことでした。

　この２人が同性愛者なのかどうかは不明です。一時的な関係だったのかもしれません。いずれにしろ、同性愛的行為自体が問題なわけではなく、このケースで問題があるとすれば、施設のルールとそれに対する職員の意識でしょう。通常、こういう施設では、異性の性的接触は制限されていることと思います。では、同性の性的接触はどうでしょう？　このケースの職員のように、同性であればそこまで目くじらを立てなくても……という意見もあるかもしれません。しかし、同性愛者の人権を擁護し、異性間の性的関係と同性間の性的関係を同等のものとみなすのであれば、同じ基準で判断すべきではないかと思うのですが、いかがでしょうか？　異性の接触は制限する一方で同性の接触が許されるという状況は、逆の意味で同性愛差別になっていないでしょうか？

## 4－5．性別違和と診断されたケース

### 水泳の授業を機にカミングアウトしたトモアキくん

　トモアキくんは、私立高校に通う１年生です。幼児期に自閉症スペクトラム障害と診断されていましたが知的には高く、高校受験で進学校に合格して寮生活を始めました。

小さいころのトモアキくんは、ぬいぐるみが大好きな子でしたが、とくに女の子っぽい様子はありませんでした。そんなトモアキくんが、高校1年生のとき、水泳の授業が始まったころ、「もう我慢できない」と言って、自分は女だとカミングアウトしたのです。実は今までも、体育の着替えのときや修学旅行のお風呂のときに、男子のなかで裸になるのがとても恥ずかしかったそうです。普段の生活でも、寮のお風呂に入るときとか、寮や学校の男子便所を使うときがいやでした。それがいわゆる性同一性の問題であることをトモアキくん自身わかっていて、恥ずかしくて言い出せませんでした。

　とうとう勇気を出してカミングアウトしたトモアキくんでしたが、周囲は思いのほか理解がありました。両親はトモアキくんの気持ちを理解し、否定的なことは一切言いませんでした。学校は、着替えのときやトイレの使用などについて配慮をしてくれることになりました。

　トモアキくんも家族も、高校卒業後に専門医を受診しようと考えていましたが、もう一刻も早くはっきりさせたいと感じたトモアキくんは1年生の終わりに受診を決意し、性別違和と診断されました。将来、ホルモン注射や手術も受けたいそうです。

　確定診断を受けたトモアキくんは、幸い周囲の理解も得られており、今後、彼（彼女）が自分らしく生きていくことが望まれます。

### 男になりたいエミさん

　高校1年生のエミさんは、知的障害はありません。もともと活発な子で、女子よりも男子と遊ぶことが多く、小学生のとき、一時期男の子の服を着たがっていました。初経は、小学校高学年で迎えました。

　中学校入学後より、エミさんは「男になりたい」と言うようになりました。外出時は普通の服装ですが、家にいるときは男性用の服を着るようになりました。「胸をなくしたい」と言ったりもしました。女性に見られるのがいやなので外出したくなくなり、学校も休みがちとなりました。もともとこだわりが強い性格なので、これもこだわりのひとつだろうと両親は思っていたのですが、エミさんの性転換願望は一貫して変わりませんでした。

> エミさんは、勉強はよくできたので、あまり授業を受けていなくても、高校受験には合格しました。しかしやはり外出を渋って、とうとう不登校となってしまいました。エミさんの将来を心配した両親は、彼女の希望を受けて、性別違和専門外来受診を決意しました。
> 　数回の受診で、これまでのいきさつ、生育の様子などを両親から聴取した主治医は、エミさんとも直接面談をしました。その結果エミさんは、性別違和と診断されました。彼女は乳房切除術やホルモン療法を希望しましたが、これらの治療法は、18歳以上でなければ実施できません。

　エミさんも専門医によって性別違和と診断されました。彼女（彼）自身、さぞかし安心したことでしょう。スグルくんのケースのように、また、エミさんの両親が考えたように、性別違和が自閉的なこだわり（＝異性になることに執着している）とまぎらわしいことも少なくないので、専門医受診は必須です。発達障害と性別違和両方に精通している医師を受診できれば理想ですが、数は非常にかぎられています。

## 4－6. その他

> **同性愛者がうらやましいキミコさん**
>
> 　21歳のキミコさんは、大学生です。子どものころ一時期不登校となって自閉症スペクトラム障害の診断を受けましたが、今はその特性はかなり目立たなくなっていて、知的障害もありません。ただ、人づきあいは負担に感じることが多く、大学でも他の学生とはあまり話しません。休日も一人で過ごすことが多い生活です。生活上とくに大きな不満や問題はないのですが、「私の人生はこれでいいんだろうか」と漠然と感じることが時々あり、過去にはカウンセリングを受けたこともありました。
> 　最近、キミコさんは、家族に「ゲイの人が羨ましい」と話すようになりました。今のところ彼氏はいませんが、男性と交際した経験はあることを両親は知っていて、キミコさんがゲイでないことはわかっています。なぜゲイが羨ましいのかと尋ねられたキミコさんは、「自分らしく生きてるか

ら」と言うのです。でも、どういうところが「自分らしい」のかと重ねて聞かれると、「……なんとなく……」と言うだけです。テレビや実生活で同性愛の人を見ると、性別を問わず、うらやましく感じるのだそうです。

　自閉症特性をもつ人は、多かれ少なかれ生きづらさを感じていることがほとんどです。表面上問題なく生活できているように見えても、内面には何かを抱えています。それが本人に必ずしも意識されていないこともありますが。
　キミコさんも、漠然とした生きづらさを感じているようです。そういうキミコさんには、自閉症者同様マイノリティーである同性愛者たちに共感するところがあり、彼らが「自分らしく」生きているところをうらやましく感じるのでしょう。もちろん、現実的には同性愛者たちがみんな「自分らしく」生きることができているわけではないと思いますが、キミコさんの目にはそう映るのです。
　そういう意味では、このケースは性の問題というよりも、自閉症者、発達障害者の根幹に関わる問題です。自閉症や発達障害をもつ人を支援するにあたっては、この目に見えない生きづらさを忘れてはなりません。

### 半陰陽のシンクレア氏

　ジム・シンクレア氏は、アメリカの活動家です。子ども時代の彼が発した言葉は、12歳まで、ほぼオウム返しだけでした。緊張すると手をひらひらさせたりからだを揺らしたりする常同行動がみられました。しかし、複数の医師の診察を受けても、「こんなに賢い子が自閉症であるはずはない」としか言われませんでした。いじめを受けましたが、なぜなかよくできないのかと母親に責められました。成人してからも自己刺激行動をせずにはいられず、人前でそれを我慢すると、固まってしまうこともありました。大学院にまで進んだシンクレア氏ですが、社会生活は難しく、一時期ホームレスとなったこともありました。
　結局自閉症スペクトラム障害の診断を受けたのですが、シンクレア氏に

はもうひとつ、人と違う点がありました。彼は、生まれつき男女両性の身体的特徴をもつ、いわゆる半陰陽者だったのです。両親は、医師の助言に従って、彼を女の子として育てようとしました。しかし、子ども時代の彼は、自分が女子であると感じたことはありませんでした。オウム返ししか発しなかったころの彼が口にした、数少ない自発語のひとつが、「ぼくは女の子じゃない」でした。ユダヤ教の女子のための儀式であるバート・ミツバーも、シンクレア氏は拒否しました。

　男性として生きることを選んだ彼は、多くの自閉症者と出会うなかで、自閉症を「障害」として認識することに違和感をもつようになりました。そして、自閉症者自身によって運営される初の団体、国際自閉症ネットワーク（Autism Network International）を立ち上げました。その後、シンクレア氏に端を発した自助活動が拡がりを見せるなかで、正常と異常の区別で捉えるのをやめて、自閉症を脳タイプのひとつとして位置づけることが提唱されました。こうして、今日われわれがよく耳にする、「神経学的定型（neurotypical）」「神経学的多様性（neurodiversity）」といった概念が生まれたのです。

　半陰陽者のシンクレア氏はかなりまれなケースと言えますが、先に紹介したドゥビン氏同様、二重のマイノリティーということになります。こういう方たちは、人目を忍んでひっそりと生活しているとはかぎらず、活動家として精力的に発信している方もおられるのだという例として、ここに挙げました。

## 5．性に無関心？な人たち

　ここまでは、自閉症児・者も性に無関心ではない、ということを前提に書き進めてきました。では、性に関心がないように見える、または性に関心がないと公言する自閉症児・者についてはどうでしょうか？　アスペルガー症候群研究者のアトウッド氏は、次のように述べています。

　　青年期を迎えたばかりの同級生たちにとって、アスペルガー症候群を

もつ人は、「カッコよく」なかったり魅力的でなかったりすることが多いものです。実際、アスペルガー症候群をもつ青年の多くは、自分に恋愛はまだ早いと感じていたり、デートするには自信がないし幼すぎると思っていたり、過度に上品ぶっていると同級生に思われたりしていることが多いのですが、それはいずれも、必ずしも的はずれではありません。性的なものを消し去りたいと望むこともしばしばあり、これはすなわち、相手が男性であれ女性であれ、親密な関係を築くことに関心がないということなのです。

筆者が出会ってきた自閉症児・者のなかにも、「別に彼女が欲しいとは思わないです」と言う男子や、「もう毎日いろいろ大変で、恋人どころじゃないです」と言う女性がいました。でもこういった言葉は、彼らの本音なのかどうか疑問です。

一般の方のあいだでは、自閉症というのは、人との関わりをもとうとしない障害だというイメージが、まだ根強く残っているようです。たしかに、「僕はひとりでも全然寂しくない」と言う自閉症児・者はめずらしくありません。でも、そういう人たちの少なくとも一部は、本当は人と関わりたい気持ちがあるのだけれども、今まで人間関係がうまくいかなかったから、あきらめようとしているのではないでしょうか。テキサス大学のキャサリン・ラヴランド博士たちは、「ASD（自閉症スペクトラム障害）をもつ子どもたちは、他人に関心がないわけではない。ただその関心の程度がさまざまであって、いろんな人たちに対して、それぞれ程度の異なる関心を抱いてはいる」と書いています。ですから、「ひとりでも寂しくない」という言葉を額面どおり受けとってしまうのは考えものだと思います。

「彼女（彼氏）が欲しいとは思わない」という言葉も、これと同じではないかと思うのです。今までいろいろな失敗を積み重ねてきてしまった結果、自分には恋愛などする資格はないと思ってしまっているだけで、異性への興味はあるのかもしれません。また、「毎日いろいろ大変で……」という言葉を裏返せば、毎日の生活に余裕ができたら恋人がいて

もいいということになります。

　性に関心がなければ、性的行動に結びつくことはなく、性的「問題行動」も起こらないことになります。だから、「問題行動」がないので性に関して支援は不要であり、とくに性の話題も取り上げる必要はない、となってしまうことを筆者は懸念します。第1章の「1．性ガイダンスの目的は何か」で述べた、「寝た子を起こしてはいけない」という心理が、支援者や家族の側に働いてしまうのです。

　でも、「問題行動」に対処する、あるいは「問題行動」を防ぐことだけが支援ではないはずです。その人がその人らしく生きることを、支援するべきです。であれば、なんらかの理由で「性」や「恋愛」から撤退しようとしている人たちとともに、「性」について考える支援も必要ではないでしょうか。その人たちの今の日常に、性的な体験が加われば、より豊かな世界が広がるかもしれないのです。ベルギーの入所施設で生活している知的障害成人を対象に、性に関する意識について面談調査を行った教育研究者のレッセリエ氏も、「われわれが調査した発達障害者の中には、（性に関して）無関心もしくは拒否的な態度をとっているように見えた人もいました。それだけに、そのような人たちに性の楽しさを伝えてゆくことの重要性が、際立つのです」と述べています。

　筆者は、年ごろの独身の方と会っているときは、男女を問わず、タイミングを見計らって、恋愛経験についても尋ねます。「つきあっている人はいますか？」とストレートに尋ねたり、「（新しく入学した学校に）いい交際相手になりそうな人はいそう？」なんて冗談めかして尋ねたりもします。これは情報収集のためでもありますが、面談や診察の中でこういう話題も許されるのだということを伝えるためでもあります。こう尋ねられて、今いるパートナーのことを話してくれることもあるし、だいぶ後になって、「実はね、先生……」と打ち明けてくれることもあります。こういうふうに、性にまつわる話題についても、できるだけオープンな雰囲気づくりを心掛けています。そのなかで、その人が、自分の「性」とどう向き合っていくかを、一緒に考えることができたらいいな、

と思っています。

　ただし、なかには、「つきあっている人はいますか？」などと尋ねられると、「だれかとおつきあいしないといけないのか」とプレッシャーに感じてしまう人もいるでしょう。だから、こういう質問を機械的に発するべきではありません。先に「タイミングを見計らって」と書いたのはそのためです。こういう質問を相手がどう受け止めるかを察するには、その人をある程度知っていなければわかりません。この点には注意が必要と思います。恋愛は人生を豊かにしてくれる可能性もある一方で、恋愛しなければいけないということも、もちろんありません。

---

**恋愛相談**

　アスペルガー症候群をもつ22歳のリオさんは、障害者雇用を得て自動車の部品を作る工場で働いています。同じ職場に、やはりアスペルガー症候群と診断されている30歳の男性先輩がいて、休日には一緒にカラオケに行ったりしています。ある日、先輩とこんなメールのやりとりになりました。

　　先輩　町で手をつないで歩くカップルとか見ると、イライラしてこんか？　別に彼女いらねーし。
　　リオ　でも僕は、いつか結婚したいと思っています。できないかもしれないけど……。
　　先輩　へっ！　おれは、診断がわかった時点で、もう結婚なんか考えてねーよ。
　　リオ　それは関係ないと思いますけど……。
　　先輩　ま、どっちにしても、おれはもともと、女なんかめんどくせーと思ってたし。いっそのこと、世のなかみんな男になればせいせいするのにな。
　　リオ　でも、女の人とつきあったことのない僕が言うのも変ですが、いつかはいい女性と出会えるかも。
　　先輩　もう、そんなのないんだよ。だから最近、男も女も結婚しないやつが増えてるんだよ。

> 半ばやけくそになっているように見えるこの先輩が一方的な思いを押しつけてくるので、リオさんは困ってしまい、職場のサポーターに相談しました。サポーターは、こういうときはへんに反論せずに、相手の気持ちを聞いてあげればいいんだと助言しました。

　この先輩は、過去の女性関係でいやな思いをしたのかもしれませんね。同じ自閉症スペクトラム障害をもっていても、恋愛についての考え方はさまざまです。

### 異性に興味がなさそうなユキノさん

> 　ユキノさんは、高校生になっても友達があまりいないことを心配したお母さんに連れられて医療機関を受診し、アスペルガー症候群と診断されました。知的障害はありません。幼児期には、言葉の遅れはありませんでしたが、自分から人に話しかけることはありませんでした。集団行動はできていました。
> 　小学生のころのユキノさんは、友達はほとんどおらず、「一人でも苦痛じゃない」と言っていました。中学校に入ったころには少し話す男子が一人だけいましたが、それでも、話しかけられれば話すくらいでした。異性として意識している様子は全然ありませんでした。中学卒業後はフリースクールに通って、共通の趣味である絵を通じて友達（女子）ができましたが、趣味の話ばかりでした。
> 　ユキノさんは年ごろになっても男性にはあまり興味を示しません。流行のアイドルのこともほとんど知らない様子です。学校生活も含めて、今の生活には不満はないようです。

　ユキノさんは交友関係に消極的なようですが、これを自閉症特性というだけですませてしまうのは不十分ではないでしょうか。受身的に関わることはできているので、他者への関心が皆無ではないのでしょう。異性に対してもまったく興味ないように見えますが、彼女の実際の気持ち

は表面上からは判断できませんし、たとえ今興味がなくても、今後はどうなるかわかりません。それに、自分の意思とは関係なくただ受け身的に関わってしまうのであれば、むしろ心配かもしれません。ユキノさんが無関心でも、周囲の男性はユキノさんに関心を向けるかもしれないからです。ですから、こういうケースでも、生活のなかで、折に触れて性のことを話題に取り上げていきたいものです。

## 6．薬の影響

　第2章の「自閉症スペクトラム障害の特性」で述べたように、自閉症支援の一つの手段として、お薬が使われることがあります。そのお薬の影響で、生殖機能と関連した副作用が生じることがあります。このことは、知識がないと戸惑ってしまうことになりますので、いくつか代表的な例を紹介しておきます。

　リスペリドンやアリピプラゾールなどの抗精神病薬では、月経不順、無月経、女性化乳房（男性の乳房が女性のように大きくなる）、乳汁漏出（妊娠中でも授乳中でもないのに、女性の乳房から乳汁が出る。まれに男性でも生じる）などが見られることがあります。お薬の量を減らしたり使用を中止したり、他の薬に変更したりするともとに戻ります。

　うつ病や不安症を合併すると、抗うつ薬が使用されることがあります。抗うつ薬によって、性欲が減退することがあります。性欲減退は、抗精神病薬でも見られます。

　また、まれな副作用ですが、抗精神病薬や抗うつ薬によって、持続勃起症が生じることがあります。

> **勃起状態が続くエイジくん**
>
> 　小学3年生のエイジくんには知的障害はありませんが、とても怒りっぽく、気に入らないことがあるとすぐに手が出てしまいます。それで専門医

を訪れて自閉症と診断され、すぐにお薬を勧められました。家でも学校でもすぐ暴力を振るうので、みんな困っていたのです。

　しかし、薬をのみはじめてもエイジくんの暴力はおさまりません。2週間後の受診ではお薬の量がさらに増え、1カ月のみつづけるようにと指示されました。1カ月後の受診時も、エイジくんの様子はあまり改善していませんでした。このときエイジくんのお母さんが、薬をのみはじめてから、エイジくんのペニスが大きくなっていることが以前より増えたと報告しました。それまでにもたまに勃起することはありましたが、いつ見ても、というほどではありませんでした。でもそのことをエイジくんは気にしておらず、痛みもないようでした。両親も、そろそろこういう年ごろになったんだな、と思ってあまり心配していませんでした。

　これを聞いた主治医は、これは薬の副作用だと考えて、処方を中止しました。すると、エイジくんの勃起はおさまりました。

### 月経不順のチサコさん

　チサコさんは40歳の女性です。自閉症と重度知的障害の他に、30歳ごろから双極性障害を発症し、数種類のお薬をずっとのんでいます。双極性障害とは、極度に活動性の高い躁状態と、活動性が低下するうつ状態を繰り返す精神疾患で、躁うつ病とも呼ばれます。お薬をのむ前は、夜も寝ずに騒ぎつづけることがあって大変でした。

　お薬をのみはじめた次の年くらいから、チサコさんの月経が不規則になって、やがて無月経になってしまいました。チサコさんが妊娠している可能性はありません。チサコさんのお母さんが主治医に尋ねると、これはチサコさんが今のんでいる薬の一つの副作用ということでした。しかしこのお薬はよく効いているので、やめてしまうのは心配です。そこで、そのお薬の量を少し減らすことにしました。お薬を減らして数カ月後、月経が戻ってきましたが、まだ不規則です。チサコさんの精神状態はまだ落ち着いています。主治医は、同じお薬をもう少しだけ減らしました。しばらくすると、月経がまた定期的に訪れるようになりました。お薬を半分くらいに減らしたので、精神不安定にならないかお母さんは心配でしたが、今のところ大丈夫のようです。

### 乳首が痛いカズオくん

　特別支援学校高等部2年生のカズオくんには軽度知的障害があり、こだわりがとても強いのが特徴です。好きなアニメを見ることができないときなど、大パニックを起こしてしまいます。小さいころのパニックと違って、もう大人並みの体格なので、大変です。そこで、カズオくんは安定剤をのむことになりました。するとお薬がよく効いて、カズオくんのパニックは劇的に減りました。

　お薬をのみはじめて数週間後、カズオくんが、胸が痛いと言うようになりました。よく聞いてみると、アンダーシャツで乳首がこすれて痛いと言うのです。お母さんがカズオくんの胸を見てみると、左右の乳首のまわりが盛り上がっていて、まるで思春期の女の子のようです。カズオくん本人は、「オレ、ほんとは女かも」と笑っています。

　次の診察のときにお母さんが主治医にこのことを話すと、今のんでいる安定剤の副作用だということでした。主治医は、カズオくんのお薬を、こういう副作用が出にくい別の安定剤に変更しました。カズオくんの胸は、もとに戻りました。

### 母乳が出るリツコさん

　高校2年生のリツコさんは、アスペルガー症候群があり、フリースクールに通っています。精神状態が時々不安定になるので、中学生のころから安定剤をのんでいます。

　安定剤をのんでもなかなか精神状態が安定しないので、リツコさんの主治医はいろんな薬を試していました。そのうち、リツコさんによく合う薬が見つかってかなり安定したので、この薬をしばらく続けてのむことになりました。

　ところが、その数カ月後、リツコさんの乳房から母乳が出たので、リツコさんも両親もびっくりしてしまいました。妊娠している可能性はありませんが、同じころから月経もこなくなっています。主治医に報告したところ、母乳が出るのも月経がないのも、今のんでいる薬の副作用だろうとの

> ことでした。それでお薬の量を減らしたのですが、それでも母乳が止まらないので、別のお薬に変えることになりました。

　以上4ケースはいずれも、自閉症の治療で使われることがある薬の副作用です。
　エイジくんの症状は、「持続勃起症」と言います。痛みを伴うこともあり、最悪の場合男性機能が失われてしまうこともあるので、緊急性が高い状態です。まれな副作用ですが、気がついたらすぐに病院を受診する必要があります。
　チサコさん、カズオくん、リツコさんの症状は、薬がホルモンに影響を与えて出現するものです。カズオくんの症状は、「女性化乳房」と言います。カズオくんのように、女性化乳房を経験して「オレ、実は女だったのかも」なんて笑う男子もいます。女性であれば、リツコさんのように、授乳中でもないのに乳汁分泌が起こることがあります。これらの症状には緊急性はありませんが、もし気がついたら主治医に報告する必要があります。
　これら性機能関連の副作用は、性的な問題ではないですが、知識がないと誤解されたり見逃されたりする可能性があるので、ここで紹介しました。
　最後に、どんな薬でも、妊娠中や授乳中は注意が必要であることは言うまでもありませんが、自閉症児・者が服用することの多い薬についても同様です。妊娠・授乳中には服薬を中止することが望ましいのですが、そのためにお母さんの病状が悪化してしまってはいけません。場合によっては、妊娠・授乳中も服薬を継続することもあります。服薬している自閉症女性の妊娠が判明した場合、できるだけ早く主治医と相談しましょう。また、妊娠を計画している場合も、主治医とよく相談しましょう。

## おわりに

　自閉症スペクトラム障害と性の問題について、書いてきました。筆者が伝えたいことは、全部書いたつもりです。性ガイダンスは普段の育児や生活指導の延長線上にあって何も特別なものではないこと、自閉症支援には特性理解が欠かせないこと、性の問題を考えるときに必要なのは普段の自閉症理解・支援の応用にすぎないことをおわかりいただければ、筆者の望みは達成されたことになります。

　正直なことを言うと、筆者が本書を執筆するにあたっては、若干のためらいがありました。筆者は児童精神科医として多くの自閉症児・者の診療に携わってきましたが、性の問題に特化して専門的な研究や実践を行ってきたわけではないからです。そんな筆者がこんな本を書かせていただいて意味があるのか、という気持ちがありました。それでも、熱心な編集部の勧めもあって執筆を決心したわけですが、原稿を書き進めるうちに、自分がしていることはけっして無意味なことではないと思うようになりました。いや、むしろ、専門家でないからこそ意義があるのではないかとさえ感じるようになったのです。

　それは、こういうことです。本文中にも書きましたが、本書で述べてきたような性ガイダンスは、日常生活でだれもが行う必要があることで、「性教育は専門家に任せよう」という姿勢はダメなのです。であれば、筆者のような必ずしも性の問題の専門家でない医師が、日常診療のなかで自閉症児・者の性の問題にどのように向き合ってきたかということを、ひとつの提言としてまとめるのは、無意味どころか大変有意義なことではないかと思うようになりました。日本じゅうで自閉症児・者の支援に日々関わってくださっている方の多くは、筆者と同じく、性の問題に特

化してきた専門家ではないと思います。そういう方々が性の問題について考えるときに、本書がなんらかの参考になれば幸いです。本書で「性ガイダンス」という言葉を使った理由は本文中でも述べましたが、専門家の「性教育」とはまた異なる役割を果たすという意味合いも込めました。これは実は、性の問題にかぎらない、最近の療育現場の方向性でもあるのです。以前は、専門施設で専門家の療育指導を受けるというのが一般的でしたが、最近は、家庭や学校といった日常生活の場での指導が主流になりつつあり、家庭や学校での支援者が知識や経験を積み重ねることが重要視されつつあります。そのために、日常生活の場に専門家が出向いて指導する「保育所等訪問支援事業」といった福祉制度もできているくらいです。性に関しても、日々の生活のなかでのガイダンスがもっと意識されることを願っています。

　本書を執筆してもうひとつ感じたことは、上で述べたこととも通じますが、性ガイダンスにあたって必要な専門性は、性に関する専門性よりもむしろ、自閉症特性の理解ではないかということです。日常生活の支援者が性に関してもっておくべき知識はごく一般常識的なことで十分と思われますが、自閉症特性については、ある程度勉強が必要です。こう考えて、性の専門家でもない浅学非才な筆者が、本書執筆に踏み切った次第です。

　最後に、支援にあたって筆者がもっとも大切だと考えていることを記しておきます。それは、信頼関係です。本書のケースでも、時々、自閉症児・者と支援者との信頼関係について言及しました。信頼関係がなければ、どんな支援も、小手先だけの技術に終わってしまいます。いろんな方から、「どう支援したらいいですか？」とよく聞かれますが、支援の仕方以前に信頼関係が大切です。では、信頼関係を築くためにはどうすればよいのか？　それは、「理解されているという実感」だと思います。支援される側が、「この支援者は自分のことをわかってくれる」と感じることができれば、信頼関係が生まれます。本書を通じて、「特性理解」の大切さを何度も強調してきたのは、このためでもあるのです。

実に多くの方のご協力なしには、本書の出版には至りませんでした。
　まず、本書でご紹介した多くのケースのもとになった方々との出会いが、自閉症と性の問題について筆者が考えるようになったきっかけのひとつであったことは、言うまでもありません。価値ある教訓を授けてくださったこれらの方々に、感謝いたします。
　筆者が自閉症と性の問題について考えるようになったきっかけのもうひとつは、2015年12月に、兵庫県立姫路しらさぎ特別支援学校で、この話題について講演させていただいたことでした。その後、2016年8月にも、呉カウンセリング学習会で同じ講演をさせていただきました。これらの講演の機会に、参加者のみなさまと意見交換をすることができました。講演の機会を与えてくださった関係者のみなさまに感謝いたします。
　北山真次所長（姫路市総合福祉通園センター）、小寺澤敬子先生（同）、奥村由紀先生（同）、小林裕子先生（呉本庄つくし園）、山田恭子先生（同）、益村美香先生（同）は、本書の草稿に目を通して、貴重な助言をくださいました。玉木正治先生（呉市医師会長）は、産科婦人科的なことがらにつき、専門的な立場からご指導くださいました。佐藤量子先生（社会福祉法人「かしの木」）と福岡律子先生（広島クリニカルソーシャルワーク研究所 ripple）は、貴重な臨床経験をシェアしてくださいました。なお、以上のうち、小林、山田、益村、玉木、佐藤の諸先生方は、2018年7月の西日本豪雨で広島県呉市が被った甚大な被害の復興中にもかかわらず、本書執筆に快くご協力くださったことを、とくに申し添えておきます。
　みすず書房の田所俊介氏は、本書執筆を筆者に熱心に勧めてくださった張本人であり、最高のペースメーカーとして、長期にわたる執筆作業に伴走してくださいました。田所氏の勧めがなければ、筆者は本書を執筆することなど思いつきもしませんでした。
　最後に、妻の裕子も、精神科医として手を貸してくれました。
　みなさん、本当にありがとうございました。

2018年10月2日　田宮　聡

## 主要参考文献

**邦文文献**

青木省三:ぼくらの中の発達障害.筑摩書房,東京,2012.
青木省三,村上伸治:自閉スペクトラム症の診断をめぐって 主として思春期以降の例について.精神神経学雑誌119(10): 743-750, 2017.
アルマゲヤー(上田勢子訳):ストーカーから身を守るハンドブック.大月書店,東京,2014.
伊藤真也,村島温子,鈴木利人(編):向精神薬と妊娠・授乳.改訂2版.南山堂,東京,2017.
伊藤のりよ:ヘン子の手紙 発達障害の私が見つけた幸せ.学研プラス,東京,2018.
井上令一監修,四宮滋子・田宮聡監訳:カプラン臨床精神医学テキスト DSM-5診断基準の臨床への展開・日本語第3版.メディカル・サイエンス・インターナショナル,東京,2016.
大久保賢一,井上雅彦,渡辺郁博:自閉症児・者の性教育に対する保護者のニーズに関する研究.特殊教育学研究 46(1): 29-38, 2008.
神尾陽子:発達障害児・者の思春期・青年期の社会的課題.日本医師会雑誌145(11): 2337-2340, 2017.
神尾陽子(企画):発達障害.最新医学社,大阪,2018.
上手由香:思春期における発達障害への理解と支援.安田女子大学紀要 41: 93-101, 2013.
ガーランド(熊谷高幸監訳,石井バークマン麻子訳):自閉症者が語る人間関係と性.東京書籍,東京,2007.
川上ちひろ,辻井正次:思春期広汎性発達障害男児への性教育プログラムの検討 試行的実践からの分析.小児保健研究 70(3): 402-411, 2011.
川上ちひろ:自閉スペクトラム症のある子への性と関係性の教育 具体的なケースから考える思春期の支援.金子書房,東京,2015.
グレイ(安達潤監訳,安達潤・柏木諒訳):マイソーシャルストーリーブック.スペクトラム出版社,東京,2005.
グレイ(門眞一郎訳):コミック会話 自閉症など発達障害のある子どものためのコミュニケーション支援法.明石書店,東京,2005.
社会福祉法人かしの木:子育て奮闘記〜障がいのあるわが子とともに〜.[非売品]
シルバーマン(正高信男・入口真夕子訳)自閉症の世界 多様性に満ちた内面の真実.講談社,東京,2017.
自由国民社(編):現代用語の基礎知識 2018.自由国民社,東京,2018.
高橋三郎,大野裕(監訳):DSM-5 精神疾患の診断・統計マニュアル.医学書院,東

京, 2014.
高橋秀俊, 神尾陽子:自閉スペクトラム症の感覚の特徴. 精神神経学雑誌 120(5): 369-383, 2018.
高柳美知子(編), "人間と性"教育研究所(著):イラスト版10歳からの性教育 子どもとマスターする51の性のしくみと命のだいじ. 合同出版, 東京, 2008.
タパー, パイン, レックマン, スコット, スノーリング, テイラー(長尾圭造, 氏家武, 小野善郎, 吉田敬子訳):ラター児童青年精神医学(原著第6版). 明石書店, 東京, 2018.
田宮聡, 宮田広善, 小寺澤敬子, 岡田由香, 中野加奈子:高機能発達障害の本人告知の現状. 児童青年精神医学とその近接領域 50(5): 517-525, 2009.
知的・発達障害者の結婚, 及び結婚生活の支援方法. (ホワイトハンズ大学:発達障害&知的障害児・者への性教育理論と技法.) http://www.privatecare.jp/id5.html (参照2015年8月26日)
ニューポート, ニューポート(ニキ・リンコ訳, 服巻智子解説):アスペルガー症候群 思春期からの性と恋愛. クリエイツかもがわ, 京都, 2010.
引土達雄:子ども虐待. 小児の精神と神経 57(Suppl): 103-105, 2017.
マッカーシー, トンプソン(木全和巳訳):知的障害のある人たちの性と生の支援ハンドブック. クリエイツかもがわ, 京都, 2014.
柳澤志萌, 綿祐二:「性の知識の習得過程に関する研究」知的障害児と健常児における比較検討. 文京学院大学人間学部研究紀要 1(10): 229-242, 2008.
吉田友子:高機能自閉症・アスペルガー症候群「その子らしさ」を生かす子育て 改訂版. 中央法規, 東京, 2009.

## 英文文献

Atwood, T., Hénault, I. and Dubin, N: *The Autism Spectrum, Sexuality and the Law*. Jessica Kingsley Publishers, Philadelphia, 2014.

Baxley, D.L. and Zendell, A.: *Sexuality Education for Children and Adolescents with Developmental Disabilities: An Instructional Manual for Parents or Caregivers of and Individuals with Developmental Disabilities*. First Edition. Florida Developmental Disabilities Council, Inc., Tallahassee, Florida, 2005.

Eyre, L. and Eyre, R.: *How to Talk to your Child about Sex*. St Martin's Griffin, New York, 1998.

Fitzgerald, M. (Ed.): *Recent Advances in Autism Spectrum Disorders*. Volume 1. 2013.

Jeffery, E., Kayani, S. and Garden, A.: Management of menstrual problems in adolescents with learning and physical disabilities. *The Obstetrician & Gynaecologist* 15: 106-112, 2008.

Klin, A., Volkmar, F.R. and Sparrow, S.S. (Eds.): *Asperger Syndrome*. Guilford Press, New York, 2000.

Koller, R: Sexuality and Adolescents with Autism. *Sexuality and Disability* 2(18): 125-

135, 2000.

Lesseliers, J. and Van Hove, G.: Barriers to the Development of Intimate Relationships and the Expression of Sexuality Among People With Developmental Disabilities: Their Perceptions. *Research & Practice for Persons with Severe Disabilities* 27(1): 69-81, 2002.

Lewis, M. (Ed.): *Child and Adolescent Psychiatry: A Comprehensive Textbook*. Third Edition. Lippincott Williams & Wilkins, Philadelphia, 2002.

Martin, A, Bloch, M.H. and Volkmar, F.R. (Eds.): *Lewis's Child and Adolescent Psychiatry: a Comprehensive Textbook*. Fifth Edition. Wolters Kluwer, Philadelphia, 2018.

Realmuto, G.M. and Ruble, L.A.: Sexual Behaviors in Autism: Problems of Definition and Management. *Journal of Autism and Developmental Disorders* 29(2): 121-127, 1999.

Sexuality and Autism © TEACHH Report. http://autismuk.com/autism/sexuality-and-autism/teachh-report/（参照2017年11月11日）

Stokes, M.A. and Kaur, A.: High-functioning autism and sexuality: A parental perspective. *Autism* 19(3): 266-289, 2005

Sullivan, A. and Caterino, L.C.: Addressing the Sexuality and Sex Education of Individuals with Autism Spectrum Disorders. *Education and Treatment of Children* 3(31): 381-394, 2008.

Travers, J. and Tincani, M.: Sexuality Education for Individuals with Autism Spectrum Disorders: Critical Issues and Decision Making Guidelines. *Education and Training in Autism and Developmental Disabilities* 45(2): 284-293, 2010.

Turban, J.L. and van Schalkwyk, G.I.: "Gender Dysphoria" and Autism Spectrum Disorder: Is the Link Real? *Journal of the American Academy of Child & Adolescent Psychiatry* 57(1): 8-9, 2018.

van der Miesen, A.I.R., Nabbijohn, N., Santarossa, A. and VanderLaan, D.P.: Behavioral and Emotional Problems in Gender-Nonconforming Children: A Canadian Community-Based Study. *Journal of the American Academy of Child & Adolescent Psychiatry* 57(7): 491-499, 2018.

Volkmar, F.R., Paul, R., Klin, A. and Cohen, D. (Eds.): *Handbook of Autism and Pervasive Developmental Disorders*. Third edition. John Wiley & Sons, Inc., Hoboken, New Jersey, 2005.

Volkmar, F.R., Rogers, S.J., Paul, R. and Pelphrey, K.A. (Eds.): *Handbook of Autism and Pervasive Developmental Disorders*. Fourth edition. John Wiley & Sons, Inc., Hoboken, New Jersey, 2014.

World Health Organization: ICD-11 for Mortality and Morbidity Statistics. https://icd.who.int/（参照2018年6月28日）

## 文学作品

市村宏（全訳注）：風姿花伝．講談社，東京，2011．

伊藤博（校注）：万葉集（上巻）．角川学芸出版，東京，1985．
ゲーテ（竹山道雄訳）：若きウェルテルの悩み．岩波書店，東京，1978．
サン゠テグジュペリ（内藤濯訳）：星の王子さま．岩波書店，東京，2000．
室生犀星：幼年時代．旺文社，東京，1972．
森鷗外：ウィタ・セクスアリス．岩波書店，東京，1935．
ローリング：ハリー・ポッターと賢者の石．静山社，東京，1999．

## 著者略歴

（たみや・さとし）

1961年広島生まれ．1986年広島大学医学部卒業．都立松沢病院，広島大学附属病院等勤務を経て，1994年より渡米．米国医師免許を取得し，カール・メニンガー精神医学校，ベイラー医科大学の臨床研修を修了．米国精神科専門医試験合格．現在，姫路市総合福祉通園センター（ルネス花北），呉みどりヶ丘病院勤務．児童精神科認定医，精神科専門医，子どものこころ専門医．著書に『内科医，小児科医，若手精神科医のための 青春期精神医学』（共著 診断と治療社 2010），訳書に『カプラン臨床精神医学テキスト 第3版 DSM-5診断基準の臨床への展開』（監訳 メディカル・サイエンス・インターナショナル 2016）などがある．

田宮 聡
ケースで学ぶ
自閉症スペクトラム障害と性ガイダンス

2019 年 2 月 18 日 第 1 刷発行

発行所 株式会社 みすず書房
〒113-0033 東京都文京区本郷 2 丁目 20-7
電話 03-3814-0131（営業）03-3815-9181（編集）
www.msz.co.jp

本文組版 キャップス
印刷・製本 萩原印刷
装丁・イラスト 大倉真一郎

© Tamiya Satoshi 2019
Printed in Japan
ISBN 978-4-622-08780-9
［ケースでまなぶじへいしょうスペクトラムしょうがいとせいガイダンス］
落丁・乱丁本はお取替えいたします

## 中井久夫集
### 全 11 巻

1. 働く患者 1964-1983 — 3200
2. 家族の表象 1983-1987 — 3200
3. 世界における索引と徴候 1987-1991 — 3200
4. 統合失調症の陥穽 1991-1994 — 3400
5. 執筆過程の生理学 1994-1996 — 3400
6. いじめの政治学 1996-1998 — 3400
7. 災害と日本人 1998-2002 — 3600
8. 統合失調症とトラウマ 2002-2004 — 3600
9. 日本社会における外傷性ストレス 2005-2007 — 3600
10. 認知症に手さぐりで接近する 2007-2009
11. 患者と医師と薬のヒポクラテス的出会い 2009-2012

（価格は税別です）

みすず書房

| 書名 | 著者/訳者 | 価格 |
|---|---|---|
| 乳幼児精神医学入門 | 本城秀次 | 3200 |
| 性同一性障害　児童期・青年期の問題と理解 | ズッカー/ブラッドレー　鈴木國文他訳 | 7600 |
| 精神医学歴史事典 | E. ショーター　江口重幸・大前晋監訳 | 9000 |
| 現代精神医学原論 | N. ガミー　村井俊哉訳 | 7400 |
| 現代精神医学のゆくえ　バイオサイコソーシャル折衷主義からの脱却 | N. ガミー　山岸洋・和田央・村井俊哉訳 | 6500 |
| 双極性障害の時代　マニーからバイポーラーへ | D. ヒーリー　江口重幸監訳 坂本響子訳 | 4000 |
| 統合失調症の母と生きて | L. フリン　佐々木千恵訳 森川すいめい解説 | 3000 |
| 自閉症連続体の時代 | 立岩真也 | 3700 |

（価格は税別です）

みすず書房